基督教文化研究丛书

主编 何光沪 高师宁

二编 第 **10** 册

雪域圣咏
——滇藏川交界地区天主教仪式与音乐研究（增订版）（下）

孙晨荟 著

花木兰文化出版社

国家图书馆出版品预行编目资料

雪域圣咏——滇藏川交界地区天主教仪式与音乐研究（增订版）（下）／孙晨荟 著 -- 初版 -- 新北市：花木兰文化出版社，2016〔民105〕

目 4+192 面；19×26 公分

（基督教文化研究丛书 二编 第10册）

ISBN 978-986-404-519-8（精装）

1. 宗教音乐 2. 天主教

240.8 105001930

ISBN-978-986-404-519-8

9 789864 045198

基督教文化研究丛书
二编 第十册

ISBN：978-986-404-519-8

雪域圣咏
——滇藏川交界地区天主教仪式与音乐研究（增订版）（下）

作　　者 孙晨荟
主　　编 何光沪 高师宁
执行主编 张　欣
企　　划 北京师范大学基督教文艺研究中心
总 编 辑 杜洁祥
副总编辑 杨嘉乐
编　　辑 许郁翎
出　　版 花木兰文化出版社
社　　长 高小娟
联络地址 台湾235 新北市中和区中安街七二号十三楼
　　　　 电话：02-2923-1455 ／传真：02-2923-1452
网　　址 http://www.huamulan.tw 信箱 hml810518@gmail.com
印　　刷 普罗文化出版广告事业
初　　版 2016 年 3 月
全书字数 263165 字

定　　价 二编 11 册（精装）台币 20,000 元

雪域圣咏
——滇藏川交界地区天主教仪式与音乐研究（增订版）（下）

孙晨荟 著

目
次

第六章　历史与现代的音乐文本

第一节　拉丁文圣歌谱本

一、历史中的拉丁文圣歌谱本

1. 滇藏川交界地区的拉丁圣歌谱本

拉丁文圣歌谱本是罗马天主教会传统的音乐文本，自天主教传入滇藏川交界地区，传教士便在这方土地唱响流传千年的拉丁素歌，现在一些老教徒口中的吟唱仍然是风格纯正发音地道。当年的传教士究竟带了多少种拉丁文圣歌谱本进来，又在本地使用了多少，暂无数据查证也不得而知。在四川康定的调研中，笔者发现存留的数本 19 世纪末至 20 世纪初多种拉丁文和法文版的拉丁文圣歌谱本及带有歌谱的礼仪用书，主要由法国和罗马印刷出版，另有几本由国内各地天主堂出版。这些谱本大部分破损严重，但提供珍贵的数据信息让笔者得以了解百年前滇藏川地区天主教会音乐的历史。因涉及拉丁文、法文及诸多专业宗教术语，仅将部分谱本及礼仪用书按出版年代排序后，做书名翻译并附简介。[1]

编号	书　名	译　名	出　版	年代
NO1.	*PONTIFICALE ROMANUM-*SUMMORUM PONTIFICUM BENEDICTO XIV. PONT. MAX.	《罗马宗座》；本笃十四世礼仪用书；钦准版	SUMMI PONTIFICIS, S.CONGREGATIONIS DE PROPAGANDA FIDE 罗马传信部；MECHLINIAE 比利时马利内出版	1855

1　这些书籍的拉丁文及法文翻译特别感谢蔡神父和庞神父的大力帮助。

NO2.	*L'OFFICE PAROISSIAL ROMAIN LES MESSES lES VÉPRES*	《堂区日课》素歌；罗马弥撒和晚祷：包括主日与所有圣人的瞻礼、晨祷、早祷、圣诞节、圣周及葬礼等	RENNES, DE L'LMPRIMERIE DE H.VATAR 法国 H.VATAR 教区 RENNES 雷恩出版	1863
NO3.	*OFFICES DE LA SEMAINE SAINTE ET DES FÊTES DE PAQUES*	《日课：圣周及复活节瞻礼》遵罗马礼仪；新版；法国马赛主教准印	MARSEILLE 法国马赛 CHEZ. J. MINGARDON 书店出版社	1869
NO4.	*RITUALE ROMANUM* PAULI V PONTIFICIS MAXIMI ET A BENEDICTO XI V	教宗保禄五世及本笃十四世《罗马礼典/礼仪手册》（圣事礼典/礼节本）；增祝福指引；钦准版；德国里根斯堡首版；罗马礼仪部准印	S.SEDIS APOST.ET SACR.RITUUM CONGREGATIONS TYPOGRAPHI. 罗马礼仪部；PARISIIS 巴黎、LONDINI 伦敦、TORNACI 比利时图尔奈出版	1872
NO5.	*GRADUALE ROMANUM*	《罗马阶台经/升阶经》（答唱咏）；包括弥撒及主日所有时辰祈祷；根据最古老的手抄本修订；新版；法国巴黎教区主教准印	LECOFFRE FILIO ET SOCIIS, SUCCESSORIBUS；PARISIIS;LUGDUNI 法国巴黎；里昂 LECOFFRE FILIO ET SOCIIS 出版	1875
NO6.	*GRADUEL ROMAIN*	《罗马阶台经/升阶经》（答唱咏）；包括弥撒和第三时课、主日和全年瞻礼、平安夜的日课以及主要游行；REMIS 里姆斯和 CAMBRAI 甘勃来教区根据最古老的手抄本修订；法国亚眠教区主教准印	法国巴黎 VICTOR LECOFFRE 书店出版	1881
NO7.	*OFFICIA PROPRIA*	《通用日课》；圣人补充部分；圣 IRENAEI 修道院准用；里昂；赛诺玛尼副主教准印	法国 SOLESMIS 索莱姆修院出版	1888
NO8.	*CANTUS VAR II*	《多种圣歌 II》；选自罗马对唱经本；为小唱经班搜集；圣若瑟与圣母玛利亚的敬礼；新版及增订版；重庆代牧区主教准印	CHA-PIN-PA,TYPIS MISSIONIS TCHOUAN-TONG 沙坪坝，东川府传教会（今云南会泽）出版	1894

NO9.	*ANTIPHONARIU M ROMANUM*	《罗马对唱经本》；包括所有年份的主日及瞻礼庆日；包括主日、瞻礼、复活节及葬礼的夜祷；按最古老的手抄本修订；REMIS 里姆斯和 CAMBRAI 甘勃来教区	法国巴黎VICTOREM LECOFFRE书店出版	1899
NO10.	*HYMNORUM SERIES*	《圣歌系列荟萃》；包括光荣神、赞美圣母与圣人；巴黎外方传教会	HONGKONG NAZARETH香港纳匝肋静院出版	1907
NO11.	*CENT MORREAUR DIBERS*	《一百首歌曲选集》；纪念殉道圣人；家庭纪念版	MISSIONS ÉTRANGÈRES法国巴黎外方传教会出版	1910
NO12.	*VESPERALE*	《晚祷》（晚课经）；至圣罗马教会；教宗庇护十世修订版；梵蒂冈对唱经本	SUMMI PONTIFICIS, SS.CONGREGATIONUM RITUUM ET DE PROPAGANDA FIDE罗马礼仪部传信部；MEDHLINIAE 比利时马利内出版	1913
NO13.	《大弥撒及圣体降福经歌摘要》	《大弥撒及圣体降福经歌摘要》；河间府主教准印	HOKIENFU, TYPIS MISSIONIS CATHOLICAE河间府（今河北献县）教区出版	1913
NO14.	*LIBER USUALIS*	《常用歌咏集》；弥撒与日课；主日及第一或第二台瞻礼和额我略圣歌；自梵蒂冈版；附索莱姆修士的节奏说明	S.SEDIS APOSTOLICAE ET S.RITUUM CONGREGATIONIS TYPOGRAPHI圣座及罗马礼仪部；ROMAE 罗马、TORNACI 比利时图尔奈出版	1923
NO15.	*CANTUS VAR II*	《多种圣歌II》		不详

　　在云南迪庆藏族自治州德钦县图书馆，现存七百多册原康定教区云南总铎区所在地-茨中天主堂的外文藏书。笔者于09年12月专赴县图书馆查阅相关数据，馆内刚请一位法文老师翻译出大部分的书目名称，但因其不懂拉丁文因此在拉丁译文及宗教术语上有不少错误。笔者查阅到数十本到相关礼仪及圣歌的书目，现简译如下：1879 年比利时版大本《罗马弥撒经本》、1888年巴黎版《罗马阶台经/升阶经》（答唱咏）、1891 年巴黎版《罗马对唱经本》、

1899 年巴黎版《罗马对唱经本》、1904 年比利时版《罗马礼典/礼仪手册》（圣事礼典/礼节本）、1904 年比利时版《罗马日课经》、1905 年罗马版《罗马日课经》、1907 年比利时版大本《罗马弥撒经本》、1907 年香港版《1908 年礼仪历书》、1908 年梵蒂冈版大本的《对唱经本》、1910 年比利时版大本《罗马弥撒经本》、1916 年 Turonibus 版《罗马日课经》、1923 年香港纳匝勒印刷版《圣歌集》、1923 年比利时版《罗马弥撒晚祷》、1926 年法国版《礼仪规则》、1931 年巴黎版《神圣时辰》、1932 年意大利版《对唱经本书》。该馆很幸运地保存有用于摆放在教堂祭台的大开本拉丁文《罗马弥撒经本》及《对唱经本》，其中《罗马弥撒经本》外皮包有精美红色布绣的外套，仙鹤、仙桃、小鹿、大钟等图案五彩纷呈。

这批书目的出版时间自 19 世纪中叶至 20 世纪初期，正值礼仪改革运动初露端倪期间，古老的拉丁素歌（额我略圣歌）在尊重传统的学术研究中复兴重整，上列每一书目的版本所涵盖信息均反映欧洲这一影响深远之运动的演变历程，但对于历史及今天的中国和国人来说，这一切仍是如此陌生而遥远。

2. 同时期的教会音乐历史

由于涉及大量繁杂的多种原文文献，关于该时期欧洲教会音乐的历史及拉丁素歌的发展状况，中文音乐学界的论述极少。台湾大学教会音乐学家，刘志明蒙席著有《额我略歌曲简史》一书，其中第七章"额我略歌曲的重整"有相关内容，这是目前出版的中文书籍中唯一的论述。

> ……礼仪的重整，自盖雷杰神父确定方向与原则下，音乐方面以研究古手抄本为重心的工作。于 1856 年后，由一位本笃会比盖雷杰神父年轻的神父饶顺（P.Jaussions,1834-1870）接棒，他于 1864 年已完成他的第一本实用试用歌本，但未曾出版。只是他各方面研究的结论，再经由本笃会波蒂埃神父（Joseph Pothier,1835-1923）整理，而成为下列三项重要的指标：
>
> 1）额我略歌曲的节奏，乃是自由节奏，亦称为语文节奏（Oratorical rhythm）。
>
> 2）额我略歌曲的拍子，并非以数学来衡量。
>
> 3）歌曲引用词句的声点（accent），被称为歌曲的灵魂（anima vocis）。

……教宗碧岳十世（S.Pius X,1903-1914）登基后，于当年立刻颁布自动诏书"在善牧职务中"（Motu Proprio "Inter Pastoralis Officii",1903,11,22），原始文件为意大利文"Tra le sollecitudini"，讨论礼仪中的圣乐。他指出当时有关圣乐的流弊，指出圣乐在敬礼仪式中应循的法则，并命令所有的规定，均具法律的效力，信众皆应严格遵守。

诏书的内容包括（一）总则、（二）圣乐的种类、（三）礼仪文（四）乐曲的形式、（五）歌咏员、（六）管风琴及其它乐器、（七）歌曲的篇幅、（八）改善的策略、（九）结论。其中有关圣乐的种类，对当代圣乐的改革，即使对现代人而言，也是一些值得反省与遵守的指标。慈谨录有关原文内容如下……委员会成员的努力极有效果，速度也惊人，虽然会议中，大家彼此的意见仍多，但自1905年由梵蒂冈出版社印行的歌集，数目可观，数目如下：

垂怜歌集暨追悼亡者弥撒曲（Kyriale et Missa pro Defunctis, 1905,8,14）

梵蒂冈版阶台经集（Graduale Vaticano,1907,8,7）

亡者日课（Officium Defunctorum,1909,5,12）

小歌唱集（Cantorinus,1911,4,3）

罗马礼日用对唱歌集（Antiphonarium Diurnum Romanum, 1912, 12,8）

圣周日课（Officium Hebdomadae Majoris,1912,2,22）

圣诞节日课（Officium Nativitatis D.N.I.C.,1926）……[2]

滇藏川交界地区天主教会旧时的拉丁文圣歌谱本正源于此时拉丁素歌大改革时期，这也是梵二会议之前礼仪改革最精彩的前章，而传教士们多来自于法国，因此带至藏地的歌本多是这一时期法国和梵蒂冈版的高标准修订版的圣歌。

二、旧歌本中的四线谱注解

拉丁文圣歌采用欧洲四线纽姆谱传统记谱法，是五线谱记谱法的鼻祖。要想深入了解滇藏川交界地区天主教音乐的传统，须解读四线谱这种专业音

---

2 刘志明《额我略歌曲简史》香港，公教真理学会出版，第60-66页。

乐院校并不涉及的领域。国内西方音乐学界少有涉足中世纪音乐研究，相关数据十分匮乏。2005 年中央音乐学院出版，[美]杰里米·尤德金着，余志刚翻译的《欧洲中世纪音乐》是目前此领域最为详尽的一本中文著述，但书中依旧没有四线谱读法的解析。读谱成为笔者必扫的障碍，而实际演唱更为复杂。中学时代曾读于北平法国圣母会教会学校的北京天主教南堂老琴师张广泰和云南茨中的肖老师，在四线谱读谱和拉丁素歌演唱方面给予笔者一定帮助。二位老人都告之他们的学习经验：外国神父们并没有教学生如何读谱，而修院和学校里教授的音乐课教材使用五线谱，只有圣歌和弥撒礼仪中出现四线谱，学生长年累月跟唱模仿，凭着个人音乐基础琢磨出的一套学习方法。在向两位老师请教的基础上，笔者搜集整理相关资料，使我们可以准确地解读四线谱。

1931 年河间府-河北献县天主堂出版的《大弥撒及圣体降福经歌摘要》中有长达 13 页拉丁文和中文对照的"额我略调注解摘要"，全文以问答方式提出 17 个问题，对拉丁素歌的基本常识做逐一解答。凡涉及西洋音律知识，多用中国传统乐律做比对，文词例举简明扼要，是很好的拉丁素歌入门注解。此类介绍在国内相关书籍中极为少见，在此将文字部分录入以供参考，其拉丁文和乐谱部分略。

一、何为额我略调？

额我略调，一曰平调，乃幽雅和平之调，圣教会所用以歌唱经文者也。

二、平调所用之音线有几？

音线有四，自下而上，所以定音符之高低者也，若四线不足于用，于音梯上下，皆可添设附线。

三、平调定音符之钥匙有几？

有二，一为道钥匙，一为法钥匙。（即 Do 和 Fa 音，笔者按）

四、何为伯毛而（b）

乃变音之号，凡音符前有此号者，唱时须低半音，于额我略调中，此号惟用于音符（西），凡此号见于定音钥匙之后者，则全调中，每遇音符（西），皆低半音。凡见于行间者，其力惟及于截音竖线之内，过此以下，即为无效。

五、何为伯优而？或名复原号

此号，取消伯毛而之势力，使音符（西）复归原音。

六、音线画处，常有缀尾之半音符，名基东者，缘何而设？

基东，译言引领，可名之为引领音符，此半音符，即下音线起首之音符，所以引领歌经者，预知以下之音符也。若行于间，改定音钥匙，于钥匙前，亦设此半音符，所以引领歌经者，预知改定音钥匙，起首之音符也。

七、何为音符，共分几种？

音符犹中国之工尺字，经歌中所用以定音之高低者也，共分三种，即平方音符、缀尾音符、斜力音符，此三种音符，有时独立，有时团聚。

八、何为单音符？

单音符，即未团圆之音符也，须知额我略调中之音符分轻重，不分长短，故缀尾音符不可太长，平方音符亦不可太短。

九、何为音阶，何以成之？

音阶乃音符于音梯升降所履之阶也，上升所履之阶，为道来米法扫拉西道，即中国之上尺工凡六五亿仕，下降所履之阶，为道西来扫法米来道，及中国之仕 亿五六凡工尺上，且自每音符起首升降，皆可成一音阶，音符有七，故所成之音阶，亦有七。

十、平调之音式有几？

音式有八，分辨之法有四：一以音阶上下两端之音符，二以结尾之音符，三以主调之音符，四以半音音符之所在。此八音式，四正四附，两两相对。第一式自（来）音符起首，第三式自（米）音符起首，第五式自（法）音符起首，第七式自（扫）音符起首，此四式名曰正音式。其余之第二、第四、第六、第八式，皆自相对正音式，下降之第四音起首，此四式名曰附音式。

十一、额我略调八音式之图如下。

其间两音符并列者乃结尾音，缀尾之音符乃主调音符，有 St 号者乃半音之音符，音梯上之附线乃表此线下之数音符，在正音式内见于主调音符之上，在附音式内，反见于主调音符之下，以成附音式者也。

十二、古人于此八音式有何名称？

古人因八音式之声，称第一为稳重音式，第二为凄怆音式，第三为寓意音式，第四为谐和音式，第五为舒畅音式，第六为虔诚音式，第七为天神音式，第八为大成音式。

十三、学习额我略调有何法术？

学习额我略调之法术有三，难易不同，当循序渐进。

1. 习念各音符之名，不问其音之高低，定音钥匙无论立于何音线之上，其以下之音符，当具何名寓目即知，不烦推敲。

2. 因各音符之名，咏其高低于音梯上，或由下而上，或由上而下，循环往来，声音中节。

3. 音符下缀以歌词，依各音符之高低咏其歌词。以下所列演唱规程乃为第一第二法术所设，至于演唱歌词之法，则于此书中任取某段经文以自温习可也。

十四、演唱音符相隔之高低。

A 习唱隔二级之音符 B 习唱隔三级之音符 C 习唱隔四级之音符 D 习唱隔五级之音符

附注：按此数规程演唱，亦当如上文所言，先习念音符之名，后习咏音符之高低，终乃于此书中，摘取弥撒圣咏某节演唱歌词。

十五、何为呵音有何取益？

呵音乃不念音符之名，惟以亚字咏各音符之高低，所以习此者，欲使学者练喉音也习之日乃，至歌经时声不游移，且能婉转壮健。

十六、截音有何定律？

凡歌经时，须按经文之义，以定截止之处或看音乐之势，何处当截何处可截，截音之号不一而足，概以竖线表之。长截音乃于结尾之数音符声调伸长，唱毕之后可以停止呼息。短截音乃于结尾之数音符声调亦稍伸长，唱毕之后亦可稍呼气息。极短截音乃声音一断即接，若有必须呼息者必须急急从事。音梯上遇有二线者，乃乐阕或奏乐一曲之号。

十七、接经文之义，以定声调之机势有何规矩？试举数则如下：

1. 行大礼时所咏之经宜加稳重，然不可失之松缓。

2. 弥撒中所咏之经，如基利噎宜具稳重态度，以表哀祷之情。各老利亚宜活动，有鼓舞欣悦气象。可来道依诵读声调，从容大雅有深信不疑之势。桑可都斯宜声音赫赫，具有威可畏之象。亚各女斯宜声气和顺，以表圣孝之情。

3. 圣咏盖皆一字一音，歌时宜爽快。

4. 咏圣母祝文前之短句，宜婉柔持重。

5. 咏圣体降福内诸经，以冠冕堂皇为正式。

留神经歌中，有数字共为一句者，切不可于中间截断。又经文中，有一句后，缀一无音字者，本可与下句起首之有音字相连，然亦不可过拘，失之牵强。

该注解涉及四线谱的定调、调号、调式、音阶、音符特征、学习方法、练唱规程、演唱要求、音乐风格和应用规则等方面，虽言简意赅却谈及拉丁素歌应用的多个层面。尤其是十六、十七两条，分别解释歌咏经文时的小节线换气提示以及如何歌咏各种经文表达其意。

上文提及在康定天主堂保存的与《大弥撒及圣体降福经歌摘要》同一批的拉丁文圣歌谱本中，大多印有拉丁文的拉丁素歌读谱注解章节，因此这段中文注解对中国读者弥足珍贵，但其文字古旧对现代读者而言尚有距离。20世纪80年代左右，中国天主教教务委员会内部出版 *EPITOME E GRADUALI S.E. DE TEMPORE ET DE SANCTIS*，其附录亦是对拉丁素歌的大篇幅注解，但亦为拉丁文，对想学习又不懂拉丁文的入门者造成困难。2007 年香港公教真理学会出版《额我略歌曲浅谈》和《额乐集》系列，这些书中的部分章节用中文注解四线谱基本读谱法。

三、四线谱解读-调号

（四线谱调号）

乐谱左上方的黑点被称为"钥匙"，夹在中间符号骑线的谱线唱名是 Do 或 Fa，与后来发展的五线谱不同之处是四线谱采用首调唱名法。

左图三个调号均是 C 调，钥匙符号骑线的位置唱 Do。

右图两个调号均是 F 调，钥匙符号骑线的位置唱 Fa。

四、四线谱解读-调式

中世纪教会调式有八个：RE（多利亚），MI（弗里吉亚），FA（利第亚），SOL（混合利第亚）的四个正格调（正调式）和四个变格调（副调式），正格调以终止音开始和结束，变格调介于终止音下方四度与上方五度之间。每一调式以终止音和一个独特的吟诵音——正格调上方五度音、变格调上方三度音为特征（调式 4 例外，落到上方四度 LA 音）。但当吟诵音落在 B 音时，要上移至 C 音。有时为避免三全音，B 改成 bB 音，均属自然音阶。

名　称	正格调（Authenticus）		变格调（Plagalis）
	终止音　　　吟诵音		终止音　　吟诵音
Protus	1. RE mi fa sol LA si do RE 调式 1 多利亚（俗称 RE 调式）		2. la si do RE mi FA sol la 调式 2 副多利亚（俗称变 RE 调式）
Deuterus	3. MI fa sol la si DO re MI 调式 3 弗里吉亚 （俗称 MI 调式）		4. si do re MI fa sol LA si 调式 4 副弗里吉亚（俗称变 MI 调式）
Tritus	5. FA sol la si DO re mi FA 调式 5 利第亚（俗称 FA 调式）		6. do re mi FA sol LA si do 调式 6 副利第亚（俗称变 FA 调式）
Tetrardus	7. SOL la si do RE mi fa SOL 调式 7 混合利第亚（俗称 SOL 调式）		8. re mi fa SOL la si DO re 调式 8 副混合利第亚(俗称变 SOL 调式)

（教会调式注释）[3]

3　可参考蔡诗亚主编《额乐集》(1) 香港，公教真理学会，2007 年，第 2 页。

上表中，终止音指旋律的起始和结束音，吟诵音（也是主音）具有第二重要的地位，足以支配整个歌曲的旋律，是素歌吟诵的中心音高，歌唱圣咏调时尤为突出。

通常在每一首拉丁素歌开始的乐谱左上方，为方便演唱者，会标明一个罗马数字或阿拉伯数字，它代表所属调式。见下例（谱）：

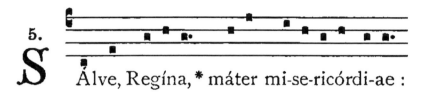

（拉丁素歌 Salve Regína 首句）

大写字母 S 上方的阿拉伯数字 5.表示第五调式，即利第亚 Fa 调式。

教会音乐作曲家认为八种调式有各自的特质属性，因此在创作时应灵活运用表达不同情感的调式风格。德籍音乐理论家、作曲家亚当（Adam of Fulda,c.1445-1505）以诗句形容每种调式的特质：

Omnibus est primus	第一调式合适每一心境的人
Sed alter est tristibus aptus	对伤感者,以第二调式为最适合
Tertius iratus	第三调式令人激奋
Quartus dicitur blandus	第四调式显得柔媚
Quintum de laetis	第五调式来带喜乐
Saxtum pietate probatis	第六调式使人虔敬
Septimus est juvenum	第七调式使年轻人活泼高兴
Sed postremus sapientium	最后一调则表现稳健

近代学者对各调式的特征，亦有不同的认定，例如本笃会噶雅神父（Dom Joseph Gajard）认为，RE 调式有柔和的特质，MI 调式则会使人出神入化，FA 调式使人生气勃勃，SOL 调式则振奋人心。[4]

五、四线谱解读-音符、休止符及其它

蔡诗亚编着的《额乐集》（1）第 1-2 页"额我略音乐凡例简介"中，对四线谱读谱法有简约的中文解说，音符后注有唱名译谱，以下转引。

4　转刘志明《额我略歌曲浅谈》香港，公教真理学会，2007 年，第 50-51 页

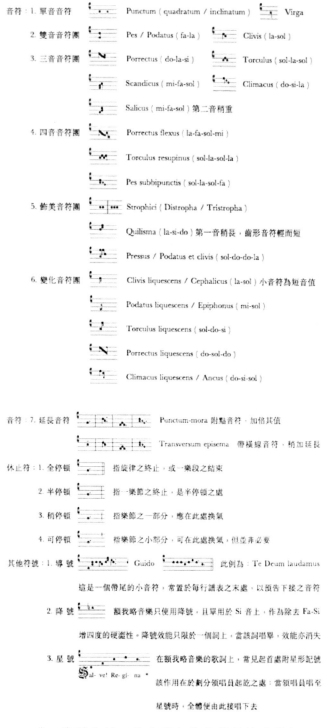

（四线谱音符、休止符与其它符号的注释）

　　上图显示，四线读谱基本特点为：在音符的识别上，找准钥匙所处的位置，基本音高定型。图画般的音符并列排序有自己的规则，读谱时有音符的先后秩序。类似五线谱却有长有短的小节线代表歌唱换气时的气息调整度。

第二节　藏文圣歌谱本

　　拉丁文圣歌谱本是外国神职人员的专利音乐文本且现已中断失传，那普通教徒唱什么呢？笔者在滇藏交界地区天主教的考察中，发现一种藏文圣歌谱本，所到之处的每处藏族和会说藏语的其它民族之天主教人家，人人会颂唱其中的圣歌。该书1894年印刷出版，64开本，有藏青、红等几种封皮颜色。尚不清楚该谱本当年的发行量，但现今教徒实际的拥有量寥寥无几。西藏某教徒告诉笔者，文革时期，四川康定教区将剩余不多的谱本装进木箱埋入地底，逃过一劫保存至今，宗教政策落实后，存留谱本全数运到西藏盐井天主堂。而康定教堂的某负责人则告之，文革期间教堂被抄，没收书籍堆置于县文化馆，由于看不懂这些教会数据，县文化馆负责人将存留余下的部分返还康定天主堂，其中就有一批藏文圣歌谱本，80年代西藏盐井教堂原神父祝圣时，这批歌谱连同其它藏文数据被送给盐井教堂以供那里的藏族教徒使用。教徒手中鲜有保存这种谱本，如今云南贡山县天主教两会拥有一本，丙中洛乡各教堂的老教徒有数本，云南茨中教堂片区的老教徒有几本，西藏盐井教堂拥有的数量最多，每位教徒几乎人手一本，但总共不过百本左右。人们知道其宝贵，轻易不拿出手，笔者见到每本均有泛黄霉点，不过印刷质量上乘，但凡存留至今的，除虫鼠咬痕，纸张基本无破损霉变，字迹清晰无消匿。盐井天主堂的教徒送给笔者一原书，其中的黄变水印丝毫不影响阅读，打开封皮还掉出些许土渣。

一、藏文圣歌谱本的出版

　　藏文圣歌谱本全书共22首，一百多页的小册子汇集三种语言：封皮封里标注法文，每首圣歌的标题为拉丁文和法文两种，乐谱为标准的罗马天主教四线纽姆谱，歌词是拼音式藏文。对今天的学者而言，掌握这三种晦涩的文字绝非易事。历史中，派驻海外的天主教传教士首先精通拉丁文和本国语言，异国传教任务使他们必掌握第三门语言。滇藏川交界地区的传教士虽志在西藏，但汉人是官方和主要群体，他们需掌握汉语、藏语以及其传教区域的少数民族方言，因此编撰各语言之间的对照字典是打开传教之路的重要工具，这直间接地促进文化交流。仅举两例：香港于 1899 年出版法国传教士编写《藏文拉丁文法文字典》、1902 年"直隶河间府"出版法国传教士编写的《法文英文拉丁文汉文对照词典》即是西人传教的附带结果，而至今国内的学术界及出版社尚无人涉及这些领域。关于该藏文圣歌谱本的印刷出处，云南贡山、茨中和西藏盐井的老教徒一致告诉笔者，由于条件所限，此书当年由法国传教士送到香港印刷。笔者经过查证，有一些问题期待解决：

藏文圣歌的封面印刷的是 Imprimerie oberthur-rennes 1894，翻译为欧贝特-雷恩出版，这是法国一家出版社，成立于 1855 年，由法国人 François-Charles Oberthür 创办，印刷廉价但高质量的项目，曾在 19 世纪末至 20 世纪初期大力支持巴黎外方传教会的海外传教活动。它是否在当时的香港驻设分机构？或该谱本就在法国出版？

在一些老人的手中，笔者看到了同时代出版的其它数种天主教经本：1897 年出版的藏文《十四处苦路经》、1903 年出版 1989 年重印的藏文《圣教经课》和出版年代不详的汉文《圣教经课》，其中汉文版的内容完全对应藏文版的《圣教经课》，由于经书封皮破损，它的具体出版年代不得而知，但应是同时代的书籍。这几本经书的封皮均印有出版社的名称-HONHKONG IMPRIMERIE DE LA SOCIÉTÉ DES MISSIONS ETRANGÈRES，译为巴黎外方传教会香港区出版，这是否与欧贝特-雷恩出版资助有关？

关于香港早期的天主教出版社，在《中华归主-中国基督教事业统计 1901-1920》一书中记载，到 1920 年，天主教在中国的印书馆有 13 个，居首位最重要的是香港纳匝肋静院活版（Imprimerie de Nazareth）。[5]这是当时全亚洲规模最大、出版华语天主教书刊最多的出版社，专门供应亚洲各地传教工作的需要。中国国家图书馆的现存书目（无图书）里有香港纳匝肋静院 1890-1911 年出版的 29 本汉文天主教古籍。而巴黎外方传教会香港区出版是否就是香港纳匝肋静院活版？

关于香港纳匝肋静院活版，维库百科"香港大学大学堂"词条注释：1894 年巴黎外方传教会在香港购入 1861 年由苏格兰商人建立的公司大楼-杜格拉

5　中华续行委办会调查特委会编《中华归主-中国基督教事业统计 1901-1920》（下），北京：中国社会科学院世界宗教研究所，1985 年，第 1052 页。

斯堡，改名为纳匝肋楼，并进行大规模修葺重建，加建了一所印刷工厂。1953
年，巴黎外方传教会撤离纳匝肋楼，1954 年香港大学将其购入，现为香港大
学大学堂。[6]纳匝肋楼的印刷工厂是否也是香港纳匝肋静院活版？

　　综上所述，巴黎外方传教会香港区出版、香港纳匝肋静院活版、香港纳匝
肋楼印刷工厂是否就是一家？或是名称相异而已？《中华归主-中国基督教事
业统计 1901-1920》是了解当时中国基督宗教状况最具说服力的数据，它记录
截止 1920 年，香港仅有一家天主教出版机构即香港纳匝肋静院活版，其书目
虽大部分是拉丁文著作，但截止 1920 年出版天主教藏文书 4 种，老人们手中
的藏文经本就是此时期产品，虽然法文翻译过来是巴黎外方传教会香港区出
版，实际应是香港纳匝肋静院活版。上述三个名称均是巴黎外方传教会做出的
项目，据此推理极有可能指同一个出版社。而法国欧贝特-雷恩出版是否在香
港驻设分社，目前由于资料匮乏不得而知，藏文圣歌谱本的印刷是在香港还是
法国？笔者不能定论。老人们的回忆并没有错误，他们记忆中的事物和手中存
留的经文书本都是同时代香港出版的产品，而外国神父们总是把书送到香港印
刷，藏文圣歌谱本即便在法国出版，也要首先到达香港地区，这是巴黎外方传
教会在华传教的大本营，随即之后的操作便是老人和笔者不得而知的了。

（图片 6-1：1894 年出版的藏文圣歌谱本封皮）

6　http://www.wikilib.com 维库百科"香港大学大学堂"词条

封皮：

Chants 圣歌

Religieux 宗教的

Thibétains 西藏的

Imprimerie 出版　　oberthur-rennes 欧贝特-雷恩 1894

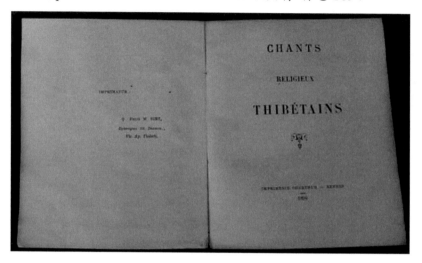

（图片 6-2：藏文圣歌谱本封里）

封里：

Imprimatur（天主教会对出版物的）出版许可

Felix M.Biet 毕天荣[7]

Episcopus tit. Dianen.，——主教 Dianen.

Vic.Ap.Thibeti.——Vicarius apostolicus Thibeti

——西藏宗座代牧区

二、藏文圣歌谱本的作者

藏文圣歌谱本没有任何注释，历来天主教圣歌鲜有作者署名，中世纪难以计数的拉丁素歌除了被学术界统一注解为由教皇格里高利统一编订外，我们无从查考每首的出处，相对来说人们更重视圣歌中传递教义的歌词，因此一些著名圣歌歌词会注有"相传、大概由…创作"，而曲作者几乎不得而知。年代久远、产地复杂是主要原因，重要的是作者们没有意识在自己创作的圣歌中署上名字，

7　毕天荣，曾任西藏宗座代牧区主教，1878-1901 在任，本书由他许可准印。

谦卑的质量是关键所在，这是天主教大力颂扬的美德。藏文圣歌谱本同样没有标注著者、编写人员和词曲作者，既便如此笔者仍希望得知答案。茨中教堂80岁的肖老师于解放前在外国传教士创办的拉丁修院读书，他了解不少历史情况。肖老师告诉笔者，本书主要作者是法国的伍神父，在他9岁时伍神父病死于茨中教堂，墓地至今在教堂的花园里。伍神父-伍许中（Jean- Baptiste- Pierre- Victor Ouvrard，1880~1930年），法籍教士，1905年6月28日接受圣职，翌年4月25日来华西康教区云南总铎区传教，[8]1908年（清光绪三十四年），巴黎外方传教会任命他为天主教西藏教区副主教兼云南铎区总司铎，1919年到茨中教堂任代主教，任教时荣获晋枚25周年银庆。肖老师告诉笔者，伍神父是位音乐家，擅弹风琴，喜用拉丁文四线谱谱曲，曾到西藏学习藏文，为藏文圣教圣歌谱曲，并参加拉丁文经书编写藏文教义。[9]

（图片6-3：茨中教堂伍许中神父墓地）

在肖老师提供的一段文字叙述中，笔者发现这本圣歌的另一位参与者-古纯仁神父。在四川巴塘教堂建立之后，[10]教会曾聘请学识渊博的藏文学士

8　刘鼎寅　韩军学《云南天主教史》昆明，云南大学出版社，2005年，第401页。

9　见肖杰一编写《茨中天主教简史》，茨中教堂内部资料。

10　咸丰二年（1852），华郎廷、圣保罗在巴安（今巴塘）城区建教堂，天主教传入康南地区。

来教堂给伍许中、古纯仁几位神父教授藏文，他们学用结合，在学习期间用藏文翻译拉丁文《圣教经课》和其它常用经文、圣歌，并编纂藏文词语、成语字典，用藏文编写民间故事和藏文学习教材，书写藏文《圣教要理问答》，后经西藏教区主教华朗廷核准出版许可（IMPRIMATUR.+P.P.GIRAUDEAU EPISCOPO TINIADENSI,VICARIO APOSTOLICO THIBETI），寄由香港外方传教会出版，供各地藏族教徒使用，该书即前面提到笔者在几位老教徒手中看到 1903 年出版的藏文《圣教经课》。[11]此段涉及到的另一位法国神父-古纯仁（Francis Gore,1880~1954 年），曾被誉为天主教西藏第一通，精通法、拉、中、英、藏文，1908 年到康定，1930 年至茨中，1936~1951 年在茨中教堂传教，是继华朗廷之后最后一任康定教区副主教兼云南总铎区总司铎。1939 巴黎外方传教会在香港刊载了他的《旅居藏边三十年》一书，[12]张镇国、杨华明节译该书连载于《康导月刊》1943 年 10 月-1944 年 7 月刊，1952 年 72 岁时被驱逐出中国。返回法国后，曾在巴黎做了一次祈祷大会，用藏语向中国藏族教徒祝福，引起轰动，不久卒于本国。2004 年人民文学出版社出版的小说《水乳大地》（范稳着）中的男主角沙利士神父就是以古纯仁为原型创作。

三、藏文圣歌的谱例组合

前文提及藏文圣歌使用一种奇特的组合：拉丁文和法文的曲名、罗马天主教四线谱旋律和手抄体藏文歌词，这种古老西方乐谱和古老东方文字的组合是极具代表性的本土化搭配。虽然类似的谱例在基督教中并不罕见，例如云贵地区的傈僳族、苗族、彝族、景颇族基督教会，至今存留一百多年前传教士创建的用波拉德苗文字母记谱体系的赞美诗歌本和"来嘎努"景颇文字母谱，但文字和乐谱均是创新手法，天主教鲜有雷同谱本，类似藏文圣歌组合的其它文字谱本也无存留或有史料可靠。原因有二，第一，罗马天主教大小事务全世界统一管理，梵二会议（1960 年代）推行礼仪本地化之前，礼仪及圣歌通用传统拉丁文，少数民族地区亦不例外。第二，基督教无统一管理，派系纷繁复杂各自为政，云贵地区基督教以内地会为主，它主张最大程度地实行本地化传教深入群众，因此上述赞美诗歌本的出现不足为奇。

---

11 见肖杰一编写《茨中天主教简史》，茨中教堂内部资料
12 刘鼎寅 韩军学《云南天主教史》昆明，云南大学出版社，2005 年，第 400 页。

天主教执着守旧强调听命（服从），却使传统的一脉相承行性极大得益，它在中国少数民族地区的传教并不缺乏实力，所到之处仍固守旧礼主推拉丁文[13]，康熙时期著名的"礼仪之争"和清末民初各地教案均可深刻地反映这一问题。但藏区却是特殊，笔者亲眼所见这百年前的小小圣歌谱本至今通用，藏文礼仪每天在云南、西藏的教堂里举行便是有力例证。虽有资料证实天主教有彝文印刷厂，由法国保禄·维亚尔神父支持彝族青年毕映斗创办，[14]历史中也许有天主教彝文礼仪和圣歌，但笔者实地在少数民族地区考察并未见流传至今的本民族语言礼仪和圣歌，[15]藏区是一特例，换句话说，藏区天主教的礼仪和圣歌虽经历国家内部特殊时期20年左右的断层和国家外部梵二会议决定的礼仪本土化改革要求，但大体仍维持百年前传教士带入时的风貌，这种情况在中国基督宗教界并不多见。

存在上述数种状况，分析原因如下：首先，罗马教会历来对西藏极为重视，这一地区特殊的地貌风俗，更增强人们的征服欲。其政教合一传统迥异于中国其它地方，若强行推广拉丁文和其它外语之文化，会导致生存困境。在数次血雨腥风的斗争中，传教士学习适应藏文化学习藏文，本歌谱和其它相关书籍的出现基于此因。其次，在藏区封闭险恶的独特环境中，其宗教高度成熟自成一体，汉文化难以侵袭。一旦经历历史洗礼，存留的种种自然不会轻易改变，因此夹缝中生存下来的藏区天主教得以不需改头换面地保留传统。最后，天主教福传与基督教最大的不同即家族传承性，天主教家庭的孩子出生第八天要接受洗礼成为奉教的一名新成员，他们认为洗礼后额头的神圣印记存留于天堂永世不变，家族性的血缘纽带与群体传承性使天主教信仰成为每位忠实教徒身体中流淌的血液。藏区相对与世隔绝的环境、藏民族的宗教性以及天主教信仰的家族传承性都构成今天藏区天主教与传统不能割裂的现象河流，小小的圣歌谱本不过是其浪花浮略的金光闪现。

---

13 拉丁礼仪的基础上也配合一些中文礼仪，但只是辅助。

14 "彝族古籍的铅印，始于20世纪初。1906年，在路南传教的法国天主教神父保禄·维亚尔携带彝族青年毕映斗，前往香港铸彝文铅字，编印《法罗词典》、《教义问答》两部书。1909年，毕映斗用从香港带回来的铅字办了一间印书坊，再版了《教义问答》，重新编译出版了《领圣体前后经》。这个印书坊由毕映斗一个人经营，检字、排版、校对、印刷、装订整个工序全由他一人完成。"转引李国文等《古老的记忆—云南民族古籍》昆明，云南教育出版社，2000年，第16页。

15 现在的礼仪都用中文，自从梵二改革力推本土化之后，除了年长的之外，教徒和神职人员们都不会拉丁礼仪，宗教院校也没有正式教授。

四、藏文圣歌的歌谱翻译

该谱本对笔者造成了很大困扰，至今除拉丁礼仪的天主教会外，没有其它任何地方使用四线纽姆谱，这种记谱法无异于活化石。在请教北京几位老神父、老教徒和参考国内早期出版的拉丁素歌乐谱以及香港天主教区的相关数据之后，笔者学会四线谱的读谱规则、拉丁素歌的演唱要求及它的特殊审美原则，因此在下文中将这本珍贵而只有 22 首圣歌的乐谱全数翻译过来。

谱面仅是第一关，文字是最大的障碍。笔者在考察中曾请教徒将歌词内容翻译，但绝大多数老人不懂汉语，而会说汉语的中年和年轻人地处农村没有接受多少教育只会念藏语不懂藏文，教堂里一些藏语和汉语都说得不错的长者，却告诉我这种藏文他们只知道大概意思翻不出来，人们懂不懂就知道个大概或是歌颂谁的，照葫芦画瓢跟着念其它也不重要。在中央民族大学藏学院，笔者请教藏族的藏文专家，得到一个非常意外的答案：这种藏文他们也无法翻译。这本书成了笔者的心病，感同身受联想百年前西方传教士的艰辛。藏语专家告之，这种藏文多是从外语翻译过来的音译文，他们无法理解其含义，该译法好比中国人学了三年的英文程度，再将汉语逐字对上英文单词译出来的结果，因此这种藏文翻译不好亦不成熟，且文法不通语句颠倒，是一种字对字的译文，类似"三克油"式英文。但藏文专家特别提及，该藏文书写体的誊抄非常漂亮，是一种有 200 年左右历史的短小楷，在康巴地区流行。藏区喇嘛念经时使用这种拼音式字体，其短小四方形的书写特点不占书面节约纸张，集纂成册方便携带。该字体常用且流传至今但稍有变化，微软的 vista 系统已将其编成输入法。该谱本是手抄本的翻印，可能是将其誊写好出胶片，而不是范本印刷。

最终成为笔者藏文翻译的救星是茨中村的肖老师，其母亲是藏族，父亲是汉族亦在法国神父身边工作，自己在茨中教堂出生成长，年轻时就读传教士开办的拉丁修院，老人懂拉、法、汉和 60%左右的藏文，是当地最有文化的教徒。但因身份特殊和宗教信仰的缘故劳改 30 年，自己的 3 个孩子全部成了文盲，现当地德钦县政府部门将老人当做文化精英多方请教。本书的歌词汉文翻译,98%的内容是由肖老师找寻出处或口译叙述给笔者。另有一首歌曲，由云南贡山一位老教徒翻译，他的父亲当年是教堂的藏文老师。笔者曾将藏文专家无法翻译本书的情况告知西藏的教徒，他们认为完全可以理解，因为藏族人不懂天主教教理，当然不能翻译。

五、藏文圣歌的音乐风格

在赴藏区考察的前期调研中，"中国西藏艺术网"中转引自"西藏博客"的一文《天主教堂-外来文化的遗存》引起笔者浓厚兴趣，其中关于西藏盐井天主教堂的音乐有这样一段描述：

> 说到这里，还要告诉读者，中央民族大学教授 M1994 年初到盐井考察西藏音乐时，曾得到了一套珍贵数据——四线宗教乐谱，他在给笔者的一封信中说：'此谱系中古西欧拜占庭教堂所用，西方早已失传，现却还在西藏天主教堂中运用，真是礼失求诸野。'在另一篇文章中，M 教授对盐井天主教音乐和这奇特的乐谱有过详细的描述：'盐井天主教堂的音乐，既非西欧的赞美诗，也非内地天主教堂的音乐，而是一种带有藏族风格的略带几分吟诵的无伴奏宗教歌曲。使人感到关注的是，教徒们大多手持一册藏文印制的歌本，它印制于上世纪的末叶，距今已有一百多年。乐谱由四条线组成，音符只有方形符头，没有符干和符尾，它世纪是 6 世纪末出现的西欧葛利哥里安圣咏四线谱的遗存。有趣的是，除了博物馆还保存着外，世人早已不认识了，而在西藏这个偏僻村子里的藏族同胞，却还在使用着它传播和演唱天主教歌曲。'可以想象，从四线谱到五线谱，欧洲传统音乐曾经历了漫长的年代。显然，这部四线谱遗存的价值非同一般。在教堂访问时，曾听到两位修女悠扬的歌声，那是从天主教堂传来的欧洲风格的音乐。悠扬、轻柔、动听，加上高原特有的粗犷和豪放，使人听后难以忘怀。当时，她们手中捧着一个歌本，唱得很投入，拿过来仔细看了看，是香港出版的，歌本的纸都发黄了，歌词是藏文的，想来就是 M 教授说的那个拜占庭教堂用的四线谱歌本。[16]

文中提到的 M 教授是著名少数民族音乐学家，1994 年在西藏实地录音、制作的「西藏音乐纪实」系列专辑 CD 六张，堪称目前所知全世界最完整的西藏传统音乐全集。该文作者亦是享受国务院颁发的政府特殊津贴证书的西藏文化专家。二者具备的学术实力使此篇网络博文中提到欧洲失传却在西藏使用且具有藏族风格的四线谱音乐充满神秘色彩，笔者异常期望能得到这本歌谱并将其内容考证。

---

16 中国西藏艺术网 *www.e-tibet.cn/Art/ms/zj/2964.html*

由于事先不懂四线谱，在实地听到藏族教徒演唱时充满本土民歌风格，再加受上文提及先入为主的该歌谱有"藏族风格"之影响，笔者一再询问当地教徒，其中哪些歌有"藏族调子"。这种过于学术化的提问方式让当地人很是困惑，他们各自的判断叙述反映出不同群体的文化分类。对云南藏区的居民来说，汉、藏或其它民族曲调的界限并不明显，这一地区是藏化的多民族聚集区，除着藏服、吃藏餐、说藏语、唱藏歌等之外，汉、纳西、傈僳、怒、白族等多种文化风格混融掺杂，按当地话说，他们是不纯的藏族。普通群体的文化界限如当地风俗一般混淆融入，所以对笔者的响应都很不确定。地方群体教徒多回答不知道或有几首是"藏族调调"，至于是哪一首人们更不清楚。

前文提到地方精英代表的肖老师，虽有 80 岁高龄，但在他的思想体系中，每种不同的文化却界限分明不容混淆。老人较为肯定地回答法国传教士使用了藏族风格的音乐谱写这本圣歌，并列举出 1、2、3。另外，贡山教堂一位在中国神哲学院学习的年轻怒族修士（实际有汉、藏、怒血统），四代奉教，爷爷是肖老师的二哥，也是类似的人物，在圣教方面可谓家学渊源。据他讲述，这本歌谱里大约有不到十首使用藏族风格。这些地方精英的记忆叙事似乎比地方群体教徒的更具说服力和准确性。

笔者做进一步证实，相比之下最正统的藏族-西藏盐井教堂的原神父 L 也与上述几位一样颇为肯定地证实这本歌谱的风格。有了专家学者的前提铺设、鲜活史料的叙事记忆，笔者心中定性此谱本的音乐风格基本成型，接下来是细嚼慢咽研究考证的问题，但仍疑虑重重。

在请肖老师翻译歌词、与教堂老琴师学习四线谱的过程中，笔者对这份珍贵和颇具神秘色彩的乐谱有了石破惊天般的发现，也让自己的心情几乎从雪山顶峰坠落，随着每一首歌曲的翻译，音符背后的一切犹如洗印房里的老照片在水面浮现出来。前引文中提到影响笔者的这种观点，即这本歌谱既非西欧的赞美诗，也非内地天主教堂的音乐，而是一种带有藏族风格的略带几分吟诵的无伴奏宗教歌曲以及四线谱欧洲失传的判断被一一推翻！

首先，音乐界虽不使用四线谱，但在并欧洲没有失传，梵蒂冈罗马教会的千年传统中从未停止使用这种乐谱，即使梵二会议礼仪改革允许教会礼仪可以不使用拉丁文之后，今日的罗马教会依旧兴起恢复拉丁礼仪的强烈浪潮，中国天主教会受过拉丁教育的老神父老教徒也可以读谱。内地天主教堂里的音乐大部分已本地化，不过传统四线谱的拉丁圣咏被零零散散地用简谱或五线谱翻译后编写于现代歌本中，笔者手头所藏的 30 多本天主教歌本便是参考。

其次，经过大海捞针般地比对查找，笔者发现这本藏文圣歌中 90%的内容是传统拉丁素歌，即学术界译名的格里高利圣咏，而非藏族风格的旋律。第一次发现，是北京天主教南堂的 Z 老师拿到该谱本，在看不懂藏文的情况下，立即用拉丁文唱出其中几首圣歌，这歌声使笔者喜忧参半。第二次发现，是随行前往滇藏雪山地区的两位法国天主教徒拿到该谱本，也是在看不懂藏文的情况下，立即唱出同名的拉丁文圣歌。辛苦数月的珍宝骤然间失去神秘光环，但尽然也能还其原貌。在搜集到更多的拉丁素歌资料之后，越来越多的证据显明藏文圣歌就是传统拉丁素歌，笔者此时的心情终于跌到山峰谷底。心境的起伏跌宕伴随研究的逐层深入，该谱本的价值也慢慢另有体现。此书已然十分珍贵，三种文字与古老乐谱的组合亦是罕见，笔者将其翻译出来能使它所承载的文化内涵不至消亡，也能深切体会外来文明在中国本土化过程中的种种不易。

六、相关藏文经本的翻译

藏文圣歌谱本是藏族教徒的教堂音乐文本，另有主要的宗教用书是祈祷手册。1903 年出版的藏文《圣教经课》是藏族教徒的祈祷手册，祈祷念经是天主教群体信众平日生活里最核心的信仰内容，因此这本书是除藏文圣歌谱本之外最重要的书籍[17]。现在多民族聚居区里的云南藏族虽然会讲德钦藏语但缺乏藏文教育，越来越多的年轻人无法阅读藏文。因此肖老师花费 7 年时间，将藏文全部采用汉字音节注音，茨中教堂和天主教大理教区先后将其内部印刷出版。语言的障碍造就了法国人将拉丁文天主教经典首先根据原文的意义翻译成本地藏语，肖老师再根据藏语的读音，用汉字注音印刷成读本，最终这本书拿到手中读出来时不觉云山雾绕。几经这百年的折腾，使笔者第一次在贡山教堂听见藏语念经时神秘感倍增，而在茨中教堂手持汉字注音本的藏文《圣教经课》跟大家诵经时，犹如徒步追赶汽车随即被扔进弥漫烟雾中，

---

17 《圣教经课》（亦称《圣教日课》《祈祷手册》等等）聚集了历代天主教会最常见、最著名的固定祷文，如何念有着详细的规定，人们相信诵念至什么程度就能达到什么样的功德，因此传统中祈祷手册的地位对天主教徒而言甚至超越了《圣经》，这一点与基督教有极大的差别，现在天主教会也鼓励教徒应更多阅读《圣经》。

直至在西藏盐井教堂跟念诵经时，索性什么也不看，在一片外星语般的奇异喃喃音乐声里陷入不知深处何方只觉时空回转的境界。

这样的方法出于无奈，诸多藏文发音无法用汉语注音误差不小，但保留经典的目标已经达到且效果尚佳。肖老师告诉笔者，藏文天主教的内容因此流传下来，小娃娃都会念《圣教经课》，汉人只要有这本书慢慢地跟学，也可以和大家一起在教堂诵经。笔者确实在茨中教堂看到各族的年轻人拿着它，在美丽悠远的教堂内高声诵念赞颂天主的经文。

（图片 6-4：茨中教堂出版的汉字注音版藏文《圣教经课》封皮）

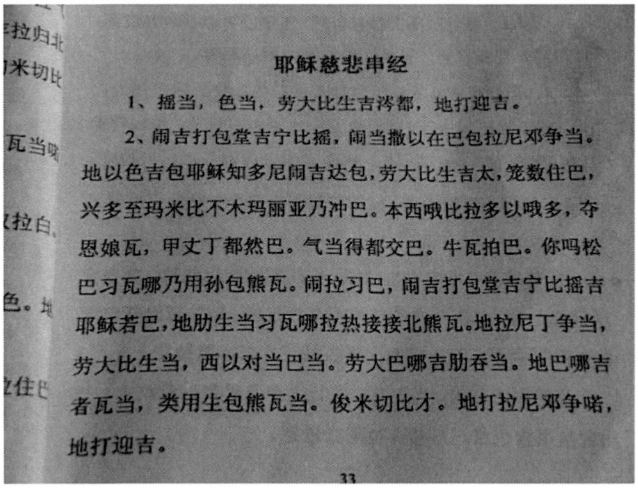

耶稣慈悲串经

1、摇当，色当，劳大比生吉涝都，地打迎吉。

2、闹吉打包堂吉宁比摇，闹当撒以在巴包拉尼邓争当。地以色吉包耶稣知多尼闹吉达包，劳大比生吉太，笼数住巴，兴多至玛米比不木玛丽亚乃冲巴。本西哦比拉多以哦多，夺恩娘瓦，甲丈丁都然巴。气当得都交巴。牛瓦拍巴。你吗松巴习瓦哪乃用孙包熊瓦。闹拉习巴，闹吉打包堂吉宁比摇吉耶稣若巴，地肋生当习瓦哪拉热接接北熊瓦。地拉尼丁争当，劳大比生当，西以对当巴当。劳大巴哪吉肋吞当。地巴哪吉者瓦当，类用生包熊瓦当。俊米切比才。地打拉尼邓争喏，地打迎吉。

（图片 6-5：汉字注音版藏文《圣教经课》-耶稣慈悲
串经片段）

聖教經課

天主教大理教区

（图片 6-6：大理教区出版的汉字注音版藏文《圣教经
课》封皮）

第三节　汉文圣歌谱本

自 20 世纪 80 年代宗教政策落实之后，中国内地天主教会均使用汉文圣歌谱本，各地出版了很多自行使用的圣歌集。现滇藏川交界地区的天主教会主要使用三本圣歌集：天主教西安教区出版的《圣教歌选》通用于云南贡山地区、四川天主教神哲学院出版的《爱的旋律-信友歌集》通用于四川康区、河北邢台教区备修院出版的《禧年之声》通用于云南大理教区。中国各地天主教会出版的圣歌集仅在教会内部流通发行并不公开出版，由于缺乏专业人士，圣歌集的编纂凌乱混杂且良莠不齐。普通教徒几乎无人会拉丁素歌，教会或修院培养的当代神职人员罕有较好的音乐素质，简谱作为通用记谱法仍是很多人学习的障碍，各地出版的圣歌集刊印错误不少，多曲目重复现象泛滥，拿来就用的情形十分常见。这种状况在中国的基督教（新教）界也同样存在，但不同的是，比起天主教会众圣歌和唱经班的作用，基督教（新教）唱诗班的用途和普及率更高更广，使用五线谱四声部合唱的新教赞美诗传统成为衡量该教会音乐水平高低的一把约定俗成的标尺。相对而言，欧洲天主教音乐的传统-单声部拉丁素歌和复调合唱，在中国的天主教会中出现的频率很低。可以通过分析《圣教歌选》、《爱的旋律-信友歌集》和《禧年之声》这三本歌集来管窥滇藏川地区乃至当代中国天主教音乐的现状。

一、《圣教歌选》

云南贡山地区的天主教会现属大理教区管辖，但此地偏远交通不便，基本教务事宜仍处于自行维持状况。陕西省神哲修院西安备修院对西南贫困地区学生有免收学费的待遇，因而成为贡山地区天主教新一代神职人员培养的基地之一。在读的修生们利用寒假回家时间，为本家乡教会进行培训，西安教区出版的《圣教歌选》也是如此在贡山地区的每一所天主教会里通行起来，每位教徒几乎人手一本。2009 年 1 月，笔者赴贡山茨开天主堂考察时，正逢放假回家的修生们在教会培训，新带来一批《圣教歌选》11 元一本很受大家欢迎。

《圣教歌选》（第三版）由天主教西安教区主教李笃安准印，1997 年 6 月 6 日耶稣圣心节出版。书籍的封一是一副耶稣圣心的画像，封二前言说明此书的刊印过程。

歌曲分类		歌曲数目
1. 弥撒曲		78 首
2. 瞻礼及弥撒用曲	将临期	7 首
	圣诞期	31 首
	四旬期	26 首
	复活期	37 首
	常年期	28 首
3. 天主圣三		42 首
4. 耶稣圣心圣体		50 首
5. 圣母歌		45 首，附日课后圣母歌 6 首
6. 天神、圣人歌曲		23 首
7. 教友生活		73 首

全书采用简谱记谱法，无词曲作者或歌曲来源记录，歌词部分除一两首为拉丁文和拉丁汉文对照以外，其余全是汉文内容。从圣歌风格来看，第一部分"弥撒曲"，前两首为"进堂式"的常年期和复活期主日圣水去，其余均为弥撒套曲，每套通常有 5-6 首，为"垂怜曲"、"光荣颂"、"信经"、"欢呼歌"、"羔羊赞"和"弥撒礼成"。其中 11 套为传统拉丁弥撒曲翻译的中文译本，"中华合一弥撒"和"弥撒曲"（一）（二）为国人创作。第二部分"瞻礼及弥撒用曲"按教会节期分类，其大部分是欧洲传统天主教圣歌，亦有部分传统基督教（新教）赞美诗。其余各部分中拉丁素歌、欧洲天主教圣歌、英美基督教（新教）赞美诗和国人在近代和当代创作的圣歌内容均有。从圣歌类型来看，前两部分为教会礼仪用曲，第三至第六部分为赞颂不同对象的圣歌，第七部分是关于平信徒宗教生活内容用曲，涉及炼灵、平安、婚礼、儿童歌曲等。

二、《爱的旋律-信友歌集》

《爱的旋律-信友歌集》通用于四川全省的天主教会，云南贡山地区教会也将此歌集作为参考用书。此书由四川天主教神哲学院圣乐组编辑，李枝刚神父审核，陈适中主教准印，四川天主教神哲学院 1998 年 6 月出版兼发行。

歌曲分类	歌曲数目
1. 弥撒曲	73 首
2. 将临期	9 首
3. 圣诞期	28 首
4. 四旬期	16 首
5. 圣周	14 首
6. 复活期	17 首
7. 常年期	5 首
8. 婚礼	9 首
9. 追思	12 首
10. 奉献	8 首
11. 圣体赞	16 首
12. 耶稣圣心诗	4 首
13. 咏圣神	7 首
14. 圣母颂	18 首
15. 圣人圣女之歌	8 首
16. 教会	4 首
17. 召唤	16 首
18. 福音	8 首
19. 爱情	14 首
20. 我要歌咏	19 首
21. 颂主荣	20 首
22. 信靠	27 首
23. 时辰颂祷	9 首
24. 平安与祝福	7 首
25. 新年曲	4 首
26. 童音稚语	14 首
27. 轻歌短诵	15 首
28. 泰泽歌咏	16 首
29. 增补歌曲	66 首

《爱的旋律-信友歌集》全书采用简谱记谱法，从圣歌类型来看，第一部分"弥撒曲"中没有录入完整成套的弥撒套曲，而是将弥撒套曲中的每一首圣歌分别编辑数首排列。第二至第七部分按教会节期分类，多位传统圣歌。第八至第十部分涉及人生礼仪，第十一至十五部分按赞颂对象分类，剩余部分主要与教会生活相关。可以看出整本圣歌集选曲中对平信徒的教会生活内容增加细化，有更强的牧灵作用。本歌集的圣歌风格亦是拉丁素歌、欧洲天主教圣歌、英美基督教（新教）赞美诗和国人在近代和当代创作的圣歌内容混杂，全书也没有词曲作者及乐曲说明，研究者若不积累熟悉大量传统和现代的国内外天主教圣歌和基督教（新教）赞美诗的曲目，会极难分辨每首歌的源流与风格。

三、《禧年之声》

《禧年之声》通用于天主教云南大理教区，属于本书叙述范围的小维西天主堂和茨中天主堂区使用该歌本。《禧年之声》由河北邢台备修院 2000 年初版 2002 年再版发行，本歌集的编写亦是采用简谱记谱法，但歌曲的数量内容和编纂水平较前两本高很多。在本书的"序"、"前言"和"再版前言"中，编者说明此歌集的编订过程，特别提及有专业人士的帮助。

《禧年之声》全书为大 16 开本共有 402 页，搜集曲目较多，教会礼仪和宗教生活用曲分类更全更细。

歌曲分类			歌曲数目
1. 季节弥撒曲	一、将临期（第一、二套）		10 首
	二、圣诞期（第一、二套）		10 首
	三、四旬期（第一、二套）		10 首
	四、复活期（第一、二套）		10 首
	五、常年期（第一、二、三套）		15 首，另附 1 首
2. 圣事礼仪歌曲	一、洗礼		6 首
	二、婚礼（第一套）		4 首
	三、葬礼		5 首
	四、圣职授予礼仪	（一）授予执事圣职	10 首
		（二）授予司铎圣职	9 首
		（三）授予主教圣职	8 首

	五、洒圣水歌	（一）复活期洒圣水	1 首
		（二）复活期外洒圣水	1 首
	六、奉献新圣堂		5 首
	七、修女发愿		7 首
3. 圣周礼仪	一、圣枝主日		2 首
	二、圣周五-救主受难		5 首
	三、圣周六-复活前夕		9 首
4. 弥撒曲	一、弥撒		10 套共 57 首
	二、弥撒套曲		35 首
	三、进堂咏		12 首
	四、答唱咏		9 首
	五、奉献咏		24 首
	六、领主咏		19 首
	七、礼成咏		16 首
5. 节（庆）日弥撒	38 个节（庆）日		184 首
6. 通用弥撒	一、天使		4 首
	二、宗徒		4 首
	三、牧者		4 首
	四、圣师		4 首
	五、圣妇		4 首
	六、贞女		5 首
	七、圣人圣女		4 首
	八、殉道		4 首
	九、耶稣显圣容		4 首
	十、光荣十字架		4 首
	十一、教堂奉献日		4 首
7. 圣体降福	附圣体降福程序共六式		44 首
8. 季节歌曲	一、将临期		7 首
	二、圣诞期		20 首
	三、四旬期		13 首
	四、复活期		24 首

9. 黎明之歌		42 首
10. 圣歌分类	一、天主	11 首
	二、基督	8 首
	三、圣神	8 首
	四、圣心	11 首
	五、圣体	11 首
	六、圣母	32 首
	七、天神圣人圣女	21 首
	八、祝福	13 首
	九、炼灵	6 首
	十、传教	9 首
	十一、童音稚语	45 首
11. 心颂		29 首
12. 其它	附信友弥撒	96 首
13. 泰泽祈祷		27 首
14. 团体敬拜祈祷		32 首
15. 赞主诗		1 首

　　书中将原五线谱多声部歌曲译为简谱多声部，而拉丁素歌的四线谱亦译为简谱，不过该书并未像很多其它编纂的歌集一样，将没有小节线记号的素歌划上规整的节拍划分，而是在每句换气处其谱面右上方用逗号标注。笔者手头搜集的早期天主教中文圣歌集中大多注意到了这个问题，因为拉丁素歌的小节线长短不一并不表明其节奏划分，而是换气长短记号，但在翻译至中文简谱版时，人们或不注意或不知道，因而常将传统的拉丁素歌根据中文歌词韵律变成规矩整一的断句，几乎完全破坏素歌的基本唱法。《禧年之声》中的拉丁译歌基本注意到该问题，虽然不是最准确的翻译，但亦具有一定水平。

　　本歌集在后记内容中，附有两篇短小说明，一则解释节奏节拍的修订，一则解释音乐与礼仪的关系，以此界定宗教选曲的范围原则，藉此可以了解教内人士对"圣乐"与"俗乐"的理解。

后记

在编排和校正过程中，发现有些歌曲在曲式结构、节奏、节拍上有些问题，甚至在记谱上有明显的错误，故我们稍做修改，以符合曲式要求和记谱规律。在歌词方面，有些不是白话文，甚为难解的语句，我们也作了必要的修改、润色，还望原作者见谅。另外，我们又把教会独有的格乐—节日弥撒，按照已故陶振宗（NF）神父从拉丁文所译的《感恩唱集》译成简谱。为了保留这些格乐的独有风格，我们创作了一种延长符号"**▲▲▲**"，即稍延长不超过半拍，尽量保持格乐的宗教气氛和演唱风格。为了容易演唱，我们把"节日弥撒"中繁琐的欢赞曲及领主曲换成通俗易唱的简调歌曲，对个别难唱的"进堂咏"也稍作修改。望大家理解。编写组千禧年8月15日圣母升天节

写在后面-音乐与礼仪

圣乐是指歌词、曲调、精神都带有宗教深挚的情感和虔诚、并且调式风格庄严肃穆，适合在教堂内咏唱（或抒发宗教情愫）的歌曲。艺术形式、音乐感情、祈祷内容构成圣乐的三要素。圣乐包括：1 正式礼仪音乐（弥撒、日课、降福内应用）。2、普通敬礼音乐（虽非正式敬礼，仍能在教堂内应用），3、宗教音乐（不属任何敬礼，不在教堂内应用，只是抒发宗教情愫）。俗乐是指任何通俗化、娱乐性、戏剧化、过度激情，不适合在圣堂或礼仪中演唱（或不抒发宗教情愫）的民间歌曲。另外以颂歌、祝福等为体裁的歌曲，虽不属于圣乐，但也不是是俗乐。本书就编有部分广为人们喜爱的此类歌曲，它们广泛地被应用于聚会、联欢会等场合中，却不适合在圣堂或礼仪中集体歌唱、祈祷。例如：《朋友歌》、《青春年华》、《希望之歌》、《祝你幸福》等歌曲，旋律优美动听，内容丰富感人，但缺乏祈祷内容和宗教情愫，他们属于祝福歌曲或抒情歌曲；再例如：《海鸥》、《圣诞老人》、《梦会成真》、《让地球跟着希望转》等歌曲，体裁具有宗教性，在内容、风格上也具有一定的宗教情愫，但缺乏与神相遇、交流的本质，它们属于宗教音乐。可见，音乐与礼仪的关系非常密切，选择歌曲要注意配合礼仪，保持庄严神圣的气氛，不

失宗教的虔诚和祈祷的本质。一首歌曲不一定适合于任何礼仪或祈祷，望各位信友甄酌选用。编写组 2002 年 8 月 15 日

在这里笔者并不就上文展开 "圣" 与 "俗" 的问题讨论，通过对滇藏川交界地区天主教使用的三本圣歌集的简介，可以管窥该地区甚至中国天主教会当代音乐的发展状况，总体而言虽然各地各具特色自我发展，但缺乏专业人才却是一个基本常态。

本章小结

本章谈及滇藏川交界地区天主教会音乐文本的使用状况：拉丁文圣歌谱本是旧时神职人员的专用书籍，如今幸运存留下来的部分残稿只能提供今人了解过去的片段。普通教徒的音乐文本有藏文和汉文圣歌谱本两种，它们适用于过去和现在。旧时的滇藏教会传唱藏文圣歌而四川康区教会传唱汉文圣歌，现在汉文圣歌在三地教会通用，但滇藏教会仍保留口头传唱藏文圣歌的传统。在旧时刊印有藏文圣歌谱本的正式文本，因其四线谱和外文音译拼音式藏文的方式而成为生僻的古董，云南藏区和西藏的教徒通过口头传唱代代传承演变成抛却文本的本土化口头文化遗产。汉文圣歌在过去和现在的四川康定地区一如既往地流传，旧时传唱的古老圣歌在新编辑的音乐文本中保存。滇藏教会在 20 世纪 80 年代之后也通用汉文圣歌谱本，音乐文本的使用状况与其它各地教会在整体的趋势上呈现统一，其最有特色和价值的仍是藏文圣歌所承载的内容。

第七章　本土化范例-藏文圣歌谱本
Chants Religieux Thibétains 解析

前文已将藏文圣歌谱本的来龙去脉解释清楚，并对其四线谱记谱法亦作简介，该谱本是天主教在滇藏川地区本土化的典型范例，百年间该地区土洋结合的此类音乐文本仅此一种，具有较高的历史和学术价值。因此笔者在本章中将音乐文本中的 22 首歌曲内容逐一翻译，以此试图解析不同文化的融合过程。在整理中证实这些藏文圣歌多为拉丁素歌，其大部分为流传久远的传统圣歌。自天主教入华四百多年来，这些著名的圣歌早已译成多种版本，同一首歌常能有一文二至三式的译本文风：文言、半文半白和白话文。初译者是西洋传教士和中国本土人士助手，翻译中最大的难题是诸多文辞甚至概念都是中国文化思维所不具备的，恰当的译词实属不易。因此在早期行文中，我们常阅读到洋泾浜式的文言文，而这些版本历经百年流传至今，或作祈祷诵经或作圣歌吟唱，此景犹如一幅幅 18、19 世纪欧洲人笔下的中国风情画，奇异古怪超乎国人想象却又风韵十足，让今天远离古风的我们体验起来别有一番个中滋味。在此将搜集到的主要文本进行比对，没有搜集到多种译本的歌词不另作解析。

第一节　目录解析

藏文圣歌谱本 Chants Religieux Thibétains 共计 22 首，由于四线谱采用首调唱名法，经笔者努力将四线谱和藏文歌词全数翻译成五线谱[1]和中文歌词逐一剖析，并整理出原文与中文对照的目录。

表 8-1

曲　名	译　文
NO1.Asperges me	（拉）复活期外洒圣水
NO2.Veni Creator	（拉）求造物主圣神降临
NO3.Ave Maris Stella	（拉）万福光耀海星
NO4.Ave verum	（拉）圣体颂
NO5.Cantique au Sacré-Cœur	（法）耶稣圣心赞歌
NO6.Miserere	（拉）主啊，怜悯我–圣咏 51 篇
NO7.Dies irae	（拉）公审判词
NO8.De Profundis	（拉）哀悼经/自深处–圣咏 130 篇
NO9.Adoro te	（拉）我今虔诚朝拜你
NO10.Adoremus in aeternum	（拉）永远朝拜
NO11.Te Deum	（拉）感恩赞
NO12.Cantique de Noël	（法）耶稣圣诞歌
NO13.O filii et filiae	（拉）耶稣复活歌
NO14.Magnificat	（拉）圣母尊主颂
NO15.O gloriosa Virginum	（拉）吁圣母童贞之光荣
NO16.Misèricordieuse　mère-invocation ordinaire	（法）慈悲圣母
NO17.Regina caeli laetare	（拉）天后喜乐
NO18.Stabat mater	（拉）圣母痛苦/圣母悼歌
NO19.Litanies du St. nom de Jésus	（法）耶稣圣名祷文
NO20.Litanies de La Ste. Vierge	（法）圣母德叙祷文
NO21.Litanies de St. Joseph	（法）圣若瑟祷文
NO22.Litanies du Sacré-Cœur	（法）耶稣圣心祷文

1　依照四线谱的首调唱名法，将其译成简谱最为合适，教堂的老琴师也支持该观点。但考虑它原为西洋乐谱，因此依旧按照西洋五线谱的翻译来操作。至于定调，原无统一，一般根据个人嗓音的高低，常年下来，这些著名的圣歌基本已有固定的音高标准。下文的翻译即参考天主教圣歌常用的定调。

传教士是如何从浩瀚如海的礼仪音乐中选编成这一本 22 首的圣歌集？这样编排的目的何在？我们不得而知，但仔细分析目录就会有所发现。笔者按用途、内容和类型三方面分类所有圣歌。

一、藏文圣歌用途分类

表 8-2

圣歌用途	圣歌类别	圣歌编号
固定弥撒经文	圣事礼仪	NO1
专用弥撒经文	葬礼	亡者弥撒（安魂曲）NO7 追思亡者歌曲 NO8、16
	其它	感恩赞 NO11
圣体降福经文及圣歌	圣体	NO4、9、10
	耶稣圣心	NO5 、22
	耶稣圣名	NO19
	圣母	NO3、14、15、16、20
	圣若瑟	NO21
节期歌曲	圣诞期	NO12
	复活期	NO13、17、2
	四旬期	NO6、18

二、藏文圣歌内容分类

表 8-3

歌词内容	圣歌编号
耶稣圣诞	NO12
耶稣复活	NO13
耶稣圣体	NO4、9、10
耶稣圣心	NO5、22
耶稣圣名	NO19
圣母	NO3、14、15、16、17、18、20

圣若瑟	NO21
圣神	NO2
末日审判	NO7
悔罪、洁净	NO1、6、8
赞美	NO11

三、藏文圣歌类型分类

表 8-4

圣歌类型	圣歌编号
Hymus 颂歌/赞美诗类	NO2；NO9、10；NO3、15；NO11
Litanies 连祷文类	NO19、20、21、22
Antiphona 对经/交替圣歌类	NO1、17
Cantus 圣歌类	NO4、13
Cantique 赞美歌类	NO5、12
Psalmi 圣咏类	NO6、8
Sequentia 继叙咏类	NO7、18
Canticum 雅颂/大颂歌类	NO14
其它类	NO16

　　据笔者手头搜集近 40 本新旧天主教圣歌谱本的内容来看，22 首圣歌编纂一册应是相当少的数量。表 8-2 显示，这些圣歌对天主教礼仪的基本层面都有涉及，但没有一首弥撒曲（垂怜曲、荣耀经、信经、圣哉经、羔羊经）的内容，固定弥撒经文和专用弥撒经文的各种大小瞻礼内容均不具备。全书侧重各种圣歌，四大瞻礼没有对应的常用弥撒经歌，但有其中三大瞻礼的圣歌：NO12 耶稣圣诞歌（圣诞节）；NO13 耶稣复活歌（复活节）；NO2 伏求圣神降临（圣神降临节）。

　　表 8-3 显示，与耶稣相关内容的圣歌最多：圣诞歌 1 首、复活歌 1 首、圣体歌 3 首、圣心歌 2 首、圣名歌 1 首五方面。歌颂圣母的歌曲居第二共 7 首，占全书内容近 1/3。葬礼演唱的圣歌有 3 首：NO7 公审判词、NO8 哀悼经.自深处-圣咏 130 篇、NO16 慈悲圣母。表 9-5 显示，本书除了弥撒曲，拉丁素歌的大部分类型都有涉及。下文以表 8-4 圣歌类型分类进行翻译与分析。

第二节　Hymus 颂歌/赞美诗类

Hymus（英 Hymns）天主教译名"颂歌"[2]，常用译名"赞美诗"，但后者很易与 16 世纪基督教的赞美诗混淆，两者概念不同。颂歌相异于圣咏诗篇歌内容，多为颂赞、奉献、感恩类新创作的诗歌。最早的颂歌发现于一份埃及俄克喜林库斯古莎草（An Oxyrhynchus papyrus）的残缺手稿，这是公元 3 世纪末一首歌颂圣三位一体上帝的礼仪歌曲，仿效哈德良时代的希腊颂歌，作者是被天主教定为异端的诺斯底教派团体，1922 年该文献发表公诸于众。公元 4 世纪，叙利亚的圣厄弗冷颂对歌体裁的发展做出贡献，普瓦蒂埃的奚拉里将叙利亚和埃及的颂歌译成拉丁文，并自己创作拉丁颂歌。米拉的圣安布罗斯真正引入确定的颂歌形式，使其在西方扎根成长。圣奥古斯丁在他的《忏悔录》中描述了一段自己被颂歌感动的强烈情感：

> 每当听到你的那些赞美诗（颂歌：笔者按）和短歌，我的心房被你的圣堂中一篇和平温厚的歌声所融化，我便不住涔涔泪下！这种音韵透进我的耳根，真理变随之滋润我的心田，鼓动真挚的情绪，虽是泪盈两颊，而此心觉怅然。[3]

此类歌曲在藏文圣歌谱本中的数量最多，按内容可分为圣神 NO2；圣体 NO9、10；圣母 NO3、15、18；感恩 NO11 四类颂歌。

一、圣神颂歌一首

藏文圣歌 NO2"Veni Creator 伏求圣神降临"是中世纪七大圣诗之一，相传 9 世纪美因茨大主教赫拉巴努斯·马乌鲁斯（Rabanus Maurus776-856）所作，是复活节后 50 天圣神降临节（亦称五旬节）向圣神祈求的诗歌，在圣秩圣事或重要会议经常采用。天主教传统祈祷文之天主圣神九日敬礼中，第一、四、七天歌咏这首诗歌，这一举措来源于意大利海勒纳格拉修女（后被教宗若望廿三世册封为真福"圣神的宗徒"）的努力，1895 年教宗良十三世在她的鼓励下邀请所有主教在圣神降临节前做圣神九日敬礼，此举延续至今。

2　基督教和合本圣经将 hymns 译名"颂词"，但在歌唱时通译成"赞美诗"。

3　奥古斯丁《忏悔录》第九卷，第七节。转引自保罗·亨利·朗《西方文明中的音乐》贵州人民出版社，2001 年，第 33 页。

藏文圣歌 "Veni Creator 伏求圣神降临"

（谱例 7-1：藏文圣歌 Veni Cre á tor 前两段，每段相同，谱本 p2-6）

拉丁素歌 "Veni Creator 伏求圣神降临"

（谱例 7-2：拉丁素歌 Veni Creátor 前两段-EPITOME E GRADUALI
S.E. DE TEMPORE ET DE SANCTIS，p138* ）

全曲七段歌词共享一段相同的旋律，此处截取前两段。两例对比发现，
拉丁文和藏文旋律几乎一致，均采用第 8 式副混合利第亚变 Sol 调式，风格
为表现稳健。藏文乐谱略有变动，即在每小节尾音略有添加一两个音符，
明显是为藏文发音需要所作的调整，小节的换气划分亦有不同，原因亦
是如此。谱例 8-3 是拉丁文译谱与藏文译谱的比对例证。

"Veni Creator 伏求圣神降临" 译谱

（谱例 7-3：伏求圣神降临 Veni Creator，拉丁文译谱与藏文译谱的对照）

拉丁文原谱中，音符联机处为单词的同一音节，音调下降起伏完全遵循拉丁文发音的抑扬顿挫，第一小节最高音 La-Si-La 谱写 Spíritus 圣神的三个音节，彰显其神圣的含义。需注意的是，重音符号的音节所对的音符在演唱或谱曲时一定要强调，这是拉丁素歌的规则，因此单词 Spíritus 的第一个音节 Spí 后面的音符由 La 升高到 Si，这种方法完美地处理了词曲间的配合关系，也是拉丁素歌的不二法则，听众可以清晰地在乐曲声中听到演唱者所表述的内容。第二小节最高音级进至 Si-#Do-Si，突出单词 Vísta 三个音节，音乐同样在重音上做了处理，也突出了该单词的含义"看顾"。应注意曲谱中的小节划分出并不等同于五线谱的小节线，而是换气记号，前文已经说明，在演唱时完全依照歌词音节的连贯歌吟吐字，才能原汁原味地道出素歌真谛。

"Veni Creator 圣神降临圣诗"（译本一）

伏求造物圣神降临，看顾尔信者之悟司，

尔所造之心胸，充满超世之圣宠。

尔称安慰者，至高天主之洪恩，活泉炽火热爱，及付之圣油。

尔赐七洪恩主，引遵圣父之旨，尔乃伊之所许，以音语富吾之喉。

尔射光于吾司觉，尔付爱德于吾心，尔恒力坚固吾体之弱。

尔远退吾仇，并速赐太平，尔前引路，为吾等能避万害。

伏求尔赐吾等知圣父，并识圣子，

及尔发于二位者圣神，卒世信认。

荣福于天主父，及圣子于死中复活者，

及安慰之圣神，于世世。阿们。

"Veni Creator 伏求造物主圣神降临"（译本二）

求造物主圣神降临，眷顾祢的信众之心，

使祢所造的众灵魂，充满上天圣宠甘霖。

祢被尊为安慰之神，至高天主特殊宠恩，

祢是活泉神火圣爱，众善灵的圣德馥芬。

祢是七神恩的施主，全能圣父坚强右臂，

祢是圣父慨然许诺，作我喉舌导我言语。

求光照我三司五官，以祢圣爱充我心灵，

更以**祢**的**超人力量**，坚我积弱补我诸短。

驱逐敌仇悉使远遁，惠赐我们诸事平顺，

俾能避免诸般危害，赖**祢**领导安稳前进。

使能藉**祢**获识圣父，与其唯一所生圣子，

祢是父子共发之神，我虔信**祢**毕生不渝。

但愿至尊天主圣父，死而复活天主圣子，

偕同施慰天主圣神，获享光荣万世无已。亚孟。

"Veni Creator 恳求造物圣神降临我心"（译本三）

恳求造物圣神降临我心，

以你圣宠神恩，充满你所造者之心。

你是护慰者，至高天主的恩惠，

活水泉源，热爱之火，灵魂之油膏。

天主右手的手指，救主的许诺，

请赐下你的七恩，激发我们的言词。

光照心灵，在心中燃起爱火，

以你爱之油膏，治愈我们的创痛。

在敌人前保护我们，带来和平的恩赐，

以你无敌的双手，保护我们免于一切伤害。

永恒智慧之光，请为我们揭开伟大的奥秘，

天主圣父和圣子，在唯一的爱中结合为一。

愿光荣归于天主父，和复活的圣子，

以及护慰者圣神，于无穷世。啊们。

　　译本一有古体文风，为旧式译本，"圣神、圣宠、圣父、圣子"等词眼首次出现于汉语中为国人陌生，因此诗歌不乏为传述天主教要理强化天主教教义的最佳手段。译本二采用八言格式，工整对仗，利于歌唱便于记忆，俨然一首符合规格的西洋分节歌曲。译本三运用白话直译通俗易懂。从歌词的角度说，译本二诗体规整和词尾基本押韵的特征，利于音乐的谱曲，因此现在中文天主教圣歌通用译本二的歌词，另有一首雷同翻译略有出入的八言对仗歌词也较为常用。

二、圣体颂歌二首

藏文圣歌 NO9 "Adoro te 虔诚朝拜"和 NO10 "Adoremus in aeternum 永远朝拜"都是圣体敬礼时用的颂歌，圣体即基督教圣餐礼中的面饼。天主教有关圣体的圣事用于两个层面，一是弥撒礼仪中的圣体圣事，二是弥撒礼仪外的各种圣体敬礼，这两首歌曲均用于第二个层面。

天主教认为在举行弥撒礼仪时的圣体圣事中，由司祭祝圣后的饼与酒保持属性不变，但实质已变成耶稣真实的身体和血以示"基督的临在"，这是"圣餐变质说"（Transubstantiation）神学观。基督教就此观点强烈反对，虽内部各派别之间也有出入，但普遍认为饼与酒是仅具象征意义的耶稣体血，这场神学大战从古打到今，双方毫不相让。

弥撒礼仪外的圣体敬礼一般有明供圣体、圣体游行和圣体大会三种。天主教会规定，圣体不可保存在举行礼仪的祭台，应保存于坚固不透明及锁牢的圣体龛内，钥匙由专人主管。圣体龛放置于教堂内，通常有长明灯指示圣体的临在，让教徒尊崇敬拜。后逐渐发展到把圣体供在教徒面前，让人们朝拜和祈祷，这就是明供圣体或朝拜圣体。明供圣体在弥撒礼仪之后，以表示圣体源自于弥撒圣祭，通常与圣体降福连在一起，短暂的明供圣体多次简称为"圣体降福"。明供圣体的神学含义是为教徒在供出的圣体前藉圣体与耶稣契合相交，因此大致的程序有祷词、读经、唱歌和默想。朝拜圣体结束时，司祭到祭台前行单膝跪礼，如果用"圣体光"（装圣体的盒子，外形似光）明供圣体，主礼者要向圣体献香，唱一首圣体歌。歌毕祈祷，之后主礼再行单膝跪礼，拿起"圣体光"或圣盒，划十字圣号面对会众进行降福，表示愿主的福分降临到众教徒，这就是圣体降福。"Adoro te 虔诚朝拜"和"Adoremus in aeternum 永远朝拜"均可用于圣体降福礼明供圣体和朝拜圣体的仪式中。

1. "Adoro te 虔诚朝拜"

藏文圣歌"Adoro te 虔诚朝拜"

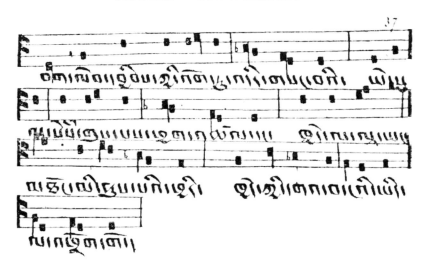

（谱例 7-4 藏文圣歌：Adoro te 第一段，每段相同，谱本 p37）

拉丁素歌"Adoro te 虔诚朝拜"

Hymne Adoro te.

（谱例 7-5 拉丁素歌：Adoro te 第一段）

　　从谱例可以看出，Adoro te 的藏文版与拉丁文版旋律完全相同，有两处细微的差别：前者用临时降号，后者用调号后的固定降号；在每小节的尾音处，后者有附点延长符号，而前者无。全曲使用第 5 利第亚 FA 调式，其风格解释为带来喜乐，配合歌颂圣体为信众带来恩典与欢愉的歌词内容。下面是译谱。

"Adoro te 虔诚朝拜"译谱

（谱例 7-6：Adoro te 五线谱译谱，此曲常用 D 大调演唱）

Adoro te 全曲亦是采用类似分节歌形式的反复曲式，即一段旋律配上 7 段不同的歌词，反复的遍数根据歌词段落而定。拉丁文每段歌词字数相同且押韵，中文在翻译过程中也注意了这一点。

"Adoro te *虔诚朝拜*"（译本一：1、3、7 段）

1 我今虔诚朝拜隐形之天主，主在面酒形下隐蔽真面目。
我之心灵全部唯有尔是属，因瞻望尔奥迹心喜不自主。

3 昔日十字架上天主性隐藏，今在面酒形下人性亦不彰。
二者我皆信仰二者并宣扬，缅怀我于尔邦如右盗所望。

7 耶稣我今仰瞻尔掩障形象，一心虔恭求尔满全我渴望。
日后揭开帐幕享见主荣光，面面相对瞻仰欢乐永无疆。

"Adoro te *虔诚朝拜*"（译本二：5 段）

1 耶稣救主君王我们朝拜你，你是天上真主我们称颂你。
全能上主降临普施褚恩宠，你作亚当子孙为把救恩赐。

2 耶稣我感谢你赐我此神粮，你在这旅途上养活着我们。
我们共享奥秘常与你契合，愿为你的圣名奉献我辛勤。

3 耶稣我的长兄请听我祈求，藉此神奇圣筵偕你常一起。
使我一心一意以爱报你爱，直至天乡福地与你永匆离。

4 光荣复活的主我们称谢你，你常活我心里我活在你内。
我们是你妙身你我更一体，凭着神妙圣契百世享天慰。

5 万岁降生救主生于贞母胎，伟哉不朽威能复活自墓内。
赐我常梦你佑分享你胜利，请勿弃我卑陋常作你圣宫。

"Adoro te *虔诚朝拜*"相传歌词由中世纪教父托马斯·阿奎那所作，中文译本一充分展现天主教"圣餐变质说"的神学含义，表达教徒信众与隐藏于饼酒之下真实临在的耶稣在身心灵上交融的情感，透露出完全的敬畏尊崇之意。译本二则更直白地指明圣体就是耶稣本人，人们祈盼能藉此得蒙恩宠。

2. "Adoremus in aeternum 永远朝拜"

藏文圣歌"Adoremus in aeternum 永远朝拜"

（谱例 7-7：藏文圣歌 Adoremus in aeternum 永远朝拜，全曲，谱本 p40-41）

　　藏文圣歌"Adoremus in aeternum 永远朝拜"一曲，笔者没有找到相应的拉丁素歌四线谱原曲，但在 2005 年天主教天津教区出版的《圣教歌选》一书中，查阅到相应的五线谱译本，下面将笔者翻译的藏文圣歌与《圣教歌选》中五线谱译本的旋律进行比对。

藏文圣歌"Adoremus in aeternum 永远朝拜"译谱

（谱例 7-8：藏文圣歌 Adoremus in aeternum，译谱）

　　谱例 7-8 中，笔者已将歌曲的段落分类注明，头尾两段为会众和唱旋律相同，中间四段为领唱，旋律之间略有出入，但以头尾两段的旋律为基本乐段进行加花。可以发现，第三段是第一段旋律的延伸，手法是在起句上添加全曲第一小节的主题动机"fa-sol-sol-la-sol-fa"及两个过渡音"降 si-do"。第四段是第二段旋律延伸，手法雷同第三段旋律的扩展，即在起句上添加主题动机"fa-sol-sol-la-sol-fa"及两个过渡音"降 si-do"。

拉丁素歌 "Adoremus in aeternum 永远朝拜" 译谱

永远朝拜

（谱例 7-9：拉丁素歌 Adoremus in aeternum 五线谱全曲）

谱例 7-9 显示，除首段的主题旋律外，第一段和第三段、第二段和第四段旋律相同，可见藏文圣歌是完全依照这首歌的原型改编的。Adoremus in aeternum 的藏文版与拉丁文般旋律的不同之处只有一句，即第二段与第四段，既便如此，也是根据原旋律进行的变化。至于改编的原因，笔者推测由于歌词发音是拉丁素歌强调的灵魂，因此当年传教士没有完全照搬这首旋律应是根据藏文发音需要所作的努力。

"Adoremus in aeternum 永远朝拜"（译本）

众：我们大家永远朝拜，永远朝拜至圣圣体。

领：列国万民请赞美上主，一切民族请歌颂上主。

众：我们大家永远朝拜，永远朝拜至圣圣体。

　　领：因为他的仁爱厚加于我们，上主的忠诚必要永远长存。

　　众：我们大家永远朝拜，永远朝拜至圣圣休。

　　领：天主圣父天主圣子，天主圣神吾愿其获光荣。

　　众：我们大家永远朝拜，永远朝拜至圣圣休。

　　领：起初如何今日依然以至永远，及世之世于无穷之世。

　　众：我们大家永远朝拜，永远朝拜至圣圣休。

　　"Adoremus in aeternum 永远朝拜"的歌词内容更多表达敬拜赞颂之情，采用领唱众和的应答唱法。

三、圣母颂歌二首

1. "Ave Maris Stella 万福光耀海星"

　　藏文圣歌 NO3 "Ave Maris Stella 万福光耀海星"是一首著名的圣母圣歌，日课后演唱，成形于公元 600-700 年间。拉丁文曲名是圣母的名号，玛利亚是犹太女子喜爱的名字，有"光芒的海洋、苦海、主母、丰富壮实"等诸多含义。中世纪圣伯尔纳多（San Bernardo di Chiaravalle，1090-1153）译圣母为"海星（Stella Maris）"，与原文有出入，但另一个引申意义是，古代航海以北斗星为指标，圣母玛利亚如同星空的北斗，不仅庇佑航海安全，也引领世人脱离迷津到达常生的福岸。天主教建教堂、修院、学校、慈善机构等通常会选择一位主保，将所建之物奉献于主保祈求福佑。澳门天主教海星中学的主保是海星圣母，因此这首圣歌成为该学校的校歌。

藏文圣歌"Ave Maris Stella 万福光耀海星"

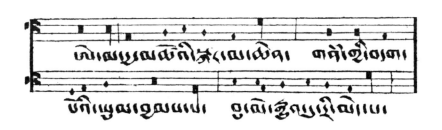

（谱例 7-10：藏文圣歌 Ave Maris Stella 万福光耀海星，前三段，
谱本 p6-9）

藏文圣歌"Ave Maris Stella 万福光耀海星"译谱

（谱例 7-11：藏文圣歌 Ave Maris Stella 万福光耀海星，译谱）

"Ave Maris Stella 万福光耀海星"全曲共有 8 段，第 1、3、4、5、6、7、
8、段旋律完全相同，第 2 段另起同的旋律。关于此曲的音乐来源，笔者发现

常用的 Ave Maris Stella 拉丁素歌使用的并不是这段曲调，而一首歌颂圣体歌与此旋律完全相同：

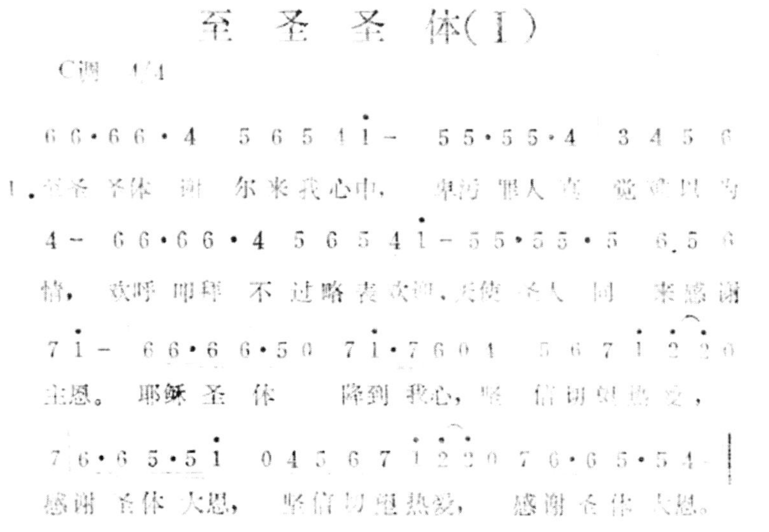

（谱例 7-12：《圣歌选集》内蒙古自治区天主教教务委员会 1987 年，第 6 页）

另有一首歌颂耶稣圣心的歌也与此旋律相同：

（谱例 7-13 左，《天路妙音》天主教温州教区 2005 年，第 303 页）
（谱例 7-14 右，《天路妙音》河北信德室 2001 年，第 264 页）

很显然这是一首套用其它曲调的圣歌，这种手法在拉丁素歌中也较为常见。采访茨中的肖杰一老师时，他唱出与这首藏文版圣歌同时代的汉文版圣歌（谱例 7-15），旋律完全相异，歌词大意相同，但在每段结束迭加唱词"赞美 赞美 赞美玛利亚，赞美 赞美 赞美玛利亚。"（旋律是谱 8-15 第四至第八小节）藏文圣歌 Ave Maris Stella 在每段结束迭加"天主母至尊 卒世童贞女 宠福上天门"的藏语歌词。全曲演唱形式为，第 1 至 8 段一人领唱，每段结束的迭加词是众唱应和部分。

汉文圣歌"Ave Maris Stella 万福光耀海星"

（谱例 7-15：汉语圣歌 Ave Maris Stella 赞圣母歌，肖杰一演唱，孙晨荟记谱）

"Ave Maris Stella 亚物海星"（译本一）

亚物海星　天主圣母　卒世童贞　福哉天门
由天神口　取亚物称　基我于平　改厄伐名
解犯者梏　启瞽者明　去我凶逆　祈诸吉康
请示为母　为我降来　屑为尔子　由尔接祷
卓哉童女　懿德越众　使我脱罪　而为贞良
赐终世净　稳定道路　得观耶稣　永常欢乐
称颂归父　厥子荣光　偕父圣神　三者一尊

这是 Ave Maris Stella 最古老的中文译本，转引意大利耶稣会士利类思神父（Lodovico Buglio，1606-1682）译《圣母小日课》，译本时间是 1676 年。耶稣会注重文化宣教，来华传教的人员在本国异地均是文化精英阶层，利类思神父出类拔萃，精通满汉语文书写口语，在当时耶稣会会士中被公认汉语造诣最高，所遗著作、译作达 20 余种。这首圣歌的译本采用七段四言对仗，书体简洁，语言精炼，文风古早。

"Ave Maris Stella 赞圣母歌"（译本二）

贺赞沧海星　天主母至尊　卒世童贞女　宠福上天门
由神嘉庇口　纳报庆词音　祈改厄袜号　置我于和平
赐解褚犯绳　施瞀获光明　祛我褚凶逆　惠与我褚祯
示尔为我母　乞为我降生　屑为尔子者　由尔允吾声
无玷美童身　良善绝超伦　脱我重罪轭　变我作仁贞
祈洁我生命　稳定我路程　俾睹耶稣面　永远享欢忻
钦颂归圣父　圣子获光荣　共合偕圣神　三者一至尊

这是一个较早的文言译本，转引汉文《圣教经课》第 346 页，该书因破损具体出版信息不详。据此书的主人推算应是 19 世纪末 20 世纪初印刷，而翻译的年代会更早。现在重庆、广元等四川地区的天主教仍然使用这种古旧的文言经课版本念经祈祷。全文七段，五言对称，增加连词，押韵工整。茨中肖杰一老师演唱的藏文、汉文圣歌 Ave Maris Stella 就是这个版本的译词。

"Ave Maris Stella 万福光耀海星"（译本三）

万福光耀海星　至尊天主圣母　且又卒世童贞　福哉天堂宝门
天神自天降临　称颂万福尊名　博施世人安宁　永偿夏娃罪行
尽解犯人之梏　开启瞀者复明　削去我诸凶恶　祈加我众圣宠
请尔示为我母　为我罪人降世　得为尔之爱子　由尔为我转祈
卓哉无损童贞　诸德超出众人　使我脱免诸恶　效尔贞洁慈仁
赐我一生洁净　稳行天堂道路　得见吾主耶稣　享受永远真福
称颂归于圣父　光荣归于圣子　圣父圣子圣神　三位一体同尊

译本三在现当代的天主教圣歌中较为常见，形式由最早的四言-五言发展到六言，依然是工整对仗，增添连、转折词语，每句最后一词讲究押韵，随着字数的增多，文本更为口语化。

2. "O gloriosa Virginum 圣母童贞之光荣"

藏文圣歌 NO15 "O gloriosa Virginum 圣母童贞之光荣"经歌编于《圣母小日课》（Little Office of Blessed Virgin Mary）祈祷经书中。《圣母小日课》成形于公元 900-1000 年间，是采取日课形式但较之简化的圣母祈祷文，昔日曾风行一时，今天的天主教徒多改念已简化的日课。圣歌 "O gloriosa Virginum 女中荣哉" 的首段歌词是教皇乌尔班八世在 1632 年改编自罗马每日祈祷书中后半时辰的圣歌"Quem terra, pontus, aethera"（天地海之主）。

藏文圣歌 "O gloriosa Virginum 圣母童贞之光荣"

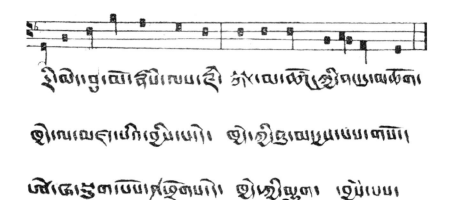

（谱例 7-16，藏文圣歌 O gloriosa Virginum 圣母童贞之光荣，词片段，谱本 p59-60）

藏文圣歌 "O gloriosa Virginum 圣母童贞之光荣" 译谱

（谱例 7-17，藏文圣歌 O gloriosa Virginum 圣母童贞之光荣，译谱）

"O gloriosa Virginum 圣母童贞之光荣" 旋律基础是第 5 利第亚 FA 调式，全曲仅有两小节。首句以一个八度的分解和弦式音符大幅上升，表达一种赞美喜悦与荣耀之情，末句以四个相同的吟诵音（tenore，即主音）开始，随即级进下行解决到终止式平缓落音。旋律风格听似音阶，正统简洁，虽不能证实该旋律是否传统的拉丁素歌，但颇具其风韵。

"O gloriosa Virginum **女中荣哉**"（译本一）

（利类思译《圣母小日课》上海土山湾印书馆 1930 年，第 76-77 页）

女中荣哉 列星之上 生尔者婴 乳婴者尔

厄袜失之 尔以子复 尔开天锁 矜人克进

大王之门 光荣之殿 因女赎命 异国拝舞

荣归耶稣 童女所生 偕尔圣父 圣神永世 亚孟

此版四言译本最早见耶稣会士利类思于康熙十五年丙辰（1676）在北京出版的《圣母小日课》中，1930 年上海土山湾印书馆第四版重印。书中小引注明该经课的诵念方法：

"圣母小日课经，由古经（旧约：笔者按）天主默启先知者预言圣母彝德，并由新经（新约：笔者按）圣教会称颂圣母伟功及蒙天主殊恩。每一日分七时诵，曰申正经、曰晚经、曰夜经、赞美经、曰晨经、曰辰时经、曰午时经、曰申初经。若每时不便诵，须分三时诵，申正经、晚经同一时诵，夜课经、赞美经同一时诵，晨经、辰时经、午时经、申初经同一时诵。又如不便，除申正经系前一日诵之外，一总诵亦可。但钦崇圣母，莫先乐圣母心，如诵此日课经云。康熙拾伍年丙辰耶稣会士利类思识。"[4]

小日课中的对经共有四格，按时序划分具体诵念方法注明：

"四格经文之时序：自圣母献堂日午后起，至圣诞前第四主日前一日午前，念上格之经文。自耶稣圣诞前一日午后起，至圣母献堂日午后念中格之经文。自圣诞前第四主日前一日午后起，至耶稣圣诞前一日午时，念下格之经文。又有匝加利亚歌，圣母歌，并西满盎之对经，自复活前一日午时起，至天主圣三主日前一日午时，则念第四格。"[5]

圣歌"O gloriosa Virginum 女中荣哉"用于《圣母小日课》的赞美经（Lauds）中，诵念方法为：启应经文-光荣颂-按时序划分的对经-圣咏 93 篇-按时序划分的对经-圣咏 100 篇-按时序划分的对经-圣咏 63 篇-圣歌"三圣童歌"-按时序划分的对经-圣咏 148 篇-按时序划分的对经-圣歌"O gloriosa Virginum 女中荣哉"-圣歌"匝加利亚歌"-按时序划分的对经-按时序划分的祝文-结束祷词。其中，每篇圣咏及圣歌结束后都要加念"光荣颂"，每篇圣咏开始诵念之前，先念按时序划分的对经第一句，圣咏结束念过光荣颂之后，再念该条对经的

4　利类思译《圣母小日课》上海：土山湾印书馆，1930 年，小引。

5　同上，第 1-2 页。

全文，前后相对故称对经（antiphona）。因此一篇经课如果按要求诵念完毕至少需 40 分钟左右。

> "O gloriosa Virginum **吁圣母童贞之光荣**"（译本二）
>
> （《圣教歌选》内蒙古天主教教务委员会 1987 年，第 116 页）
>
> > 吁圣母童贞之光荣，满天星辰你最光明；
> >
> > 你以你纯洁的胸乳，养育了造你的小圣婴。
> >
> > 原祖母不幸丢失的，你藉全能的圣子归回；
> >
> > 为了使涕者入天国，你开启了天门之锁。
> >
> > 你是那最高王之门，又为万丈光芒宫廷；
> >
> > 被救者万民齐欢庆，由童贞女给予的生命。
> >
> > 荣归于耶稣我等主，生于玛利亚之童身；
> >
> > 偕同父及施慰圣神，万世万代于无穷。阿门！

"O gloriosa Virginum" 译本一和译本二是四言文言与白话译本的比较，利类思秉承一贯的简明扼要、突出重点却依然情感充沛的文风，译本二可以说是文言译本一的通俗注释。今教徒诵念《圣母小日课》经文已然不多，这首圣歌在中文现代天主教歌本中难觅踪迹，这两种译本是笔者能找到的全部相关资料。

四、感恩颂歌一首

藏文圣歌 NO11 "Te Deum 感恩赞"是一首感谢主所赐恩惠的早期经典圣歌，用于天主教主日礼仪及庆节的日课、圣体降福礼或特殊庆典中如选举教皇、主教奉献、圣人封圣、信仰宣告、皇家加冕仪式等。除罗马天主教会外，英国圣公会、一些信义宗教会至今也在同样的事件中使用这首圣歌。在传统经课中，当弥撒中的荣耀经开始时，晨祷中演唱 "Te Deum"，用于除降临节、四旬斋第三主日、四旬斋、耶稣受难节外的主日。传说这首圣歌是公元四、五世纪时期，米兰教区的主教圣安布罗斯（又译盎博罗削）为圣奥古斯丁（又译奥斯定）施洗后，二人情之所至，答唱应和即兴创作的，这个故事并无史料证实，但它常被称为"圣安布罗斯颂歌"，近代多数学者认为其作者是圣尼柴达主教（St. Nicétas,340-414）。[6]

---

6 刘志明《额我略歌曲浅谈》香港：公教真理学会出版，2007 年，第 62 页。

藏文圣歌 "Te Deum 感恩赞"

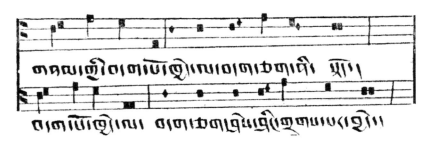

（谱例 7-18，藏文圣歌 "Te Deum 感恩赞"，前 2 段，谱本 p42-47）

藏文圣歌 "Te Deum 感恩赞" 译谱

（谱例 7- 19，藏文圣歌 Te Deum 感恩赞，译谱）

　　藏文圣歌 "Te Deum 感恩赞" 全曲共有 30 句，每句的音调基本相同，在藏文音节发音需要时，增添以 "Do" 音为主的个别音符，并以同音方式出现，达到一种吟诵式效果。"Te Deum 感恩赞" 是一首非常著名的拉丁素歌，但这首藏文圣歌并未采用传统旋律，笔者推断原因如下：原拉丁曲每一句的旋律不尽相同，在音乐上完全依附拉丁文词的轻重缓急，唱完 30 句并非易事，更何况于藏民而言。而藏文曲仅有一句旋律，唱诵出来琅琅上口。一曲多词正是 Hymus 颂歌/赞美诗的典型曲式风格，祷词文本在音乐反复的情况下对比原曲要易学得多。可想象当年的法国传教士在编纂这本歌集时，并非简单地原样照搬，虽没有精深改造，却也下了一番功夫。

　　"Te Deum 圣盎博罗削赞主词"（译本一）

　　（题注：每遇将临四个主日并自四旬斋前三个主日起到圣枝主日止苟于此等之日无瞻礼之期不念此文）

吾众赞主　认扬真神　高高天上　诸使诸能
圣圣圣哉　撒保主神　使徒耀群　先知美数
天下圣会　协心认述　可敬可崇　惟独真子
主基思督　乃荣福君　欲拯救人　弗嫌童腹
今坐父右　与伊同辉　主仆信辈　悚悚栗栗
普地钦崇　惟永大父　格侣瑟辣　不绝声号
主之威容　充满天地　主证皎旅　悉赞颂主
尊大无限　威严之父　又认圣神　广施安慰
无始永永　父之亲子　克死之刺　与信开天
日后赫赫　必来审判　惟宝血赎　伏求拯急
俾录圣数　偕享永福　吾为主业　求降恩佑
每日从事　祝颂吾主　求主佑仆　此日无罪
主降慈悲　允吾望施　吾为主氓　仰望主救
以治以举　至于永远　赞美主名　无穷世世
主怜我等　矜怜我等　吾专望主　永无愧耻

"Te Deum 天主，我们赞美你"（译本二）

（题注：四旬期以外的主日、复活节及圣诞节八日内，节日及庆日，在诵读二及对答咏后应念唱赞美诗"天主，我们赞美你"。）

天主，我们赞美你；上主，我们颂扬你；

永生之父，万物敬拜你。

所有的天使，和天上的大能者，普智天使，

炽爱天使不停地欢呼：

圣、圣、圣、上主，大能的天主，你的荣耀充满天地。

众使徒歌颂你的光荣，众先知宣扬你的德能，

众殉道者却为你作证。

普世教会也向你歌唱，你是大父，无限尊威，

你的唯一真子，令人敬爱，你的圣神赐人安慰。

基督，光荣的君王，你永远是父的爱子，

你为了拯救人类，甘愿生于贞女，降凡尘世。

你为世人征服了死亡，为信众重启天国之门，

你坐在天父之右，享受光荣，你还要再度降来，审判万民。

你用宝血赎回了子民，恳求你常常保佑他们，

使我们参加诸圣的行列，分享你永恒的光荣。

上主，求你拯救你的子民，降福他们，

他们是你的羊群，求你作他们的牧者，护佑他们，直到永远。

我们赞美你，日夜不停，世世代代颂扬你的圣名，

求你今天保护我们清洁无罪，

上主，求你垂怜我们，垂怜我们。

上主，我们依赖你的宽仁，恳求你对我们广施慈恩；

上主，你是我们的仰仗，勿使我们永久蒙羞失望。

"Te Deum 谢主辞"（译本三）

上主天主我们赞美你，赞美你至尊天主。

普世万民钦敬你，无始无终永恒的圣父。

天朝九品天神高呼不停地称颂你。

圣哉，圣哉，圣哉，皇皇上主万军的天主。

上天下地充满你的光荣，充满你的无穷尊威。

圣父无限尊威的天主。

可钦可敬的耶稣，你的唯一真子。

天主圣神，安慰世人的恩保。

基督，你是荣耀的君王。

基督，你是圣父的无始无终圣子。

你为拯救堕落的人类，甘愿屈尊就卑选贞女为母。

你战胜了死亡的苦痛，为信仰你的人重新开启天门。

求你大发慈悲，助佑曾以至尊宝血所救赎的子民。

求使普世万民列在天朝神圣之中同享荣福。

恳求全能天主治理我众万民，奔赴永生天庭。

我等每日敬拜你，每日感谢称颂你。

求主佑我等今日免陷罪恶。

我主，我们全心仰望你的仁慈。求你对我们广施恩爱。

上主天主我唯一的希望，求你赐我永远不受羞辱。

译本一转引汉文《圣教经课》第 86-88 页，文言风格，四字工整，言简意赅，赞颂之余却也情感内敛。译本二转引河北信德社 2008 年出版《每日礼赞》第 17-18 页，白话文译本，赞美之情洋溢全文，现代文风流露字里行间，适宜朗诵。译本三共 21 句，选自河北信德室《天路妙音》第 400 首谢主辞的歌词译本，圣歌题注：尼切达词（St.Nicetas of Remesiana，335-415）徐锦尧修 1976，选自《圣歌荟粹》台湾 1962。此译本是完全依照拉丁文发音对应曲谱咬字的翻译，比起前两种译本更符合歌曲唱词的风格。

全文可分三部，首先是向天主的颂赞，其次歌颂基督耶稣的拯救，最后世人求上主保佑垂怜的回应祷文。今日天主教礼仪，"Te Deum 感恩赞"唱完之后朗诵启应祷文：

> 启：让我们歌颂圣父、圣子和圣神的光荣。
>
> 应：颂扬尊崇他，永世无穷。
>
> 启：上主，愿你在穹苍之上受赞颂！
>
> 应：赞颂、光荣、尊崇，永世无穷。
>
> 启：上主，请俯听我的祈祷！
>
> 应：愿我的呼声上达于你！
>
> 启：愿主与你们同在。
>
> 应：也与你的心灵同在。（最后主礼独唱祷词）[7]

第三节　Litanies 连祷文类

Litanies 连祷文是连续呼求主及诸圣的祈祷方式，罗马教会批准用于公开礼仪的有七则：圣母祷文、耶稣圣名祷文、耶稣圣心祷文、圣人列品祷文、耶稣宝血祷文、圣若瑟祷文、临终祷文。以上祷文均以 "Kyrie eleison ,Christe eleison,Kyrie eleison." 开始。该藏文圣歌集全书仅有 22 首，连祷文类就搜集了 4 首：NO19 "itanies du St. nom de Jésus 耶稣圣名祷文"、NO20 "Litanies de La Ste. Vierge 圣母德叙祷文"、NO21 "Litanies de St. Joseph 圣若瑟祷文"、和 NO22 "Litanies du Sacré-Cœur 耶稣圣心祷文"，从这种编排上可见传教士非常重视教徒信众的祈祷生活。连祷文在天主教信仰生活中有较为重要的意义。笔者认识的老教徒几乎人人能流畅背诵，而各地均有方言诵念方式，内容多

7　李振邦《教会音乐》台北，世界文物出版社，2002 年，第 115 页。

为流传下来的文言译本，快速吟诵加上一定的方言和小幅度的曲调起伏，使这种祷词在一位音乐人的耳中听起来古韵犹然。

一、耶稣圣名祷文

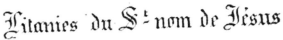

（谱例 7-20，藏文圣歌 "Litanies du St. Jésus 耶稣圣名祷文"，片段，谱本 p68-78）

　　连祷文的特征是连续念唱的方式诵读祈祷文，因此多音重复，强调祷文经课"念"的效果。谱 8-20 展示此首乐谱的部分内容，但整首圣歌旋律基本相同，主要围绕"La-Si-La-Sol""Sol-Fa-Sol-la"两组不超过二度的级进音阶吟诵。

藏文圣歌"Litanies du St. nom de Jésus 耶稣圣名祷文"译谱

（谱例 7-21，藏文圣歌"Litanies du St. nom de Jésus 耶稣圣名祷文"，译谱）

　　译谱显示了连祷文吟诵式风格，虽没有找到相应的拉丁素歌乐谱，但这正是素歌的基本特征。笔者手头现有的拉丁素歌连祷文与藏文圣歌连祷文风格雷同。

"Litanies du St. Jésus 耶稣圣名祷文"（常用译本）

启：天主矜怜我等	应：基利斯督矜怜我等
	天主矜怜我等
启：耶稣俯听我等	应：耶稣垂允我等
启：在天天主父者	应：矜怜我等
启：赎世天主子者	应：矜怜我等
启：圣神天主者	应：矜怜我等
启：三位一体天主者	应：矜怜我等
启：耶稣真天主子者	应：矜怜我等
启：耶稣圣父之光美者	应：矜怜我等
启：耶稣永光之耀者	应：矜怜我等
启：耶稣荣福之帝者	应：矜怜我等
启：耶稣义德之日者	应：矜怜我等
启：耶稣童贞玛利亚之子者	应：矜怜我等
启：耶稣宜爱者	应：矜怜我等

启：耶稣奇妙者　　　　　　　　　　应：矜怜我等

启：耶稣至毅之天主者　　　　　　　应：矜怜我等

启：耶稣后世之父者　　　　　　　　应：矜怜我等

启：耶稣宏谋之宗师者　　　　　　　应：矜怜我等

启：耶稣至能者　　　　　　　　　　应：矜怜我等

启：耶稣极忍耐者　　　　　　　　　应：矜怜我等

启：耶稣极听命者　　　　　　　　　应：矜怜我等

启：耶稣良善而心谦者　　　　　　　应：矜怜我等

启：耶稣爱洁德者　　　　　　　　　应：矜怜我等

启：耶稣极爱吾人者　　　　　　　　应：矜怜我等

启：耶稣安和之主者　　　　　　　　应：矜怜我等

启：耶稣常生之源者　　　　　　　　应：矜怜我等

启：耶稣诸德之表者　　　　　　　　应：矜怜我等

启：耶稣最热切救人灵魂者　　　　　应：矜怜我等

启：耶稣吾天主者　　　　　　　　　应：矜怜我等

启：耶稣我等庇佑者　　　　　　　　应：矜怜我等

启：耶稣贫穷之父者　　　　　　　　应：矜怜我等

启：耶稣诸信者之真宝者　　　　　　应：矜怜我等

启：耶稣善牧者　　　　　　　　　　应：矜怜我等

启：耶稣真光者　　　　　　　　　　应：矜怜我等

启：耶稣永远上智者　　　　　　　　应：矜怜我等

启：耶稣无穷善德者　　　　　　　　应：矜怜我等

启：耶稣吾侪之真道吾侪之生活者　　应：矜怜我等

启：耶稣天神之乐者　　　　　　　　应：矜怜我等

启：耶稣古祖之皇者　　　　　　　　应：矜怜我等

启：耶稣宗徒之师者　　　　　　　　应：矜怜我等

启：耶稣圣史之明师者　　　　　　　应：矜怜我等

启：耶稣诸致命之毅者　　　　　　　应：矜怜我等

启：耶稣诸精修之光者　　　　　　　应：矜怜我等

启：耶稣诸童身之洁德者　　　　　　应：矜怜我等

启：耶稣诸圣人之冠者　　　　　　　应：矜怜我等

启：望耶稣垂怜　　　　　　　　　应：耶稣赦我等

启：望耶稣垂怜　　　　　　　　　应：耶稣允我等

启：于诸凶恶　　　　　　　　　　应：耶稣救我等

启：于诸罪过　　　　　　　　　　应：耶稣救我等

启：于主义怒　　　　　　　　　　应：耶稣救我等

启：于魔隐计　　　　　　　　　　应：耶稣救我等

启：于邪淫之魔　　　　　　　　　应：耶稣救我等

启：于永死　　　　　　　　　　　应：耶稣救我等

启：于怠惰疏忽主提佑　　　　　　应：耶稣救我等

启：为主降生之奥理　　　　　　　应：耶稣救我等

启：为主圣诞　　　　　　　　　　应：耶稣救我等

启：为主圣婴时　　　　　　　　　应：耶稣救我等

启：为主平居生活显圣性之奥理　　应：耶稣救我等

启：为主诸苦劳　　　　　　　　　应：耶稣救我等

启：为主忧闷至死及主受难　　　　应：耶稣救我等

启：为主十字架及被弃之苦　　　　应：耶稣救我等

启：为主患难　　　　　　　　　　应：耶稣救我等

启：为主死且葬　　　　　　　　　应：耶稣救我等

启：为主圣复活　　　　　　　　　应：耶稣救我等

启：为主灵奇之升天　　　　　　　应：耶稣救我等

启：为主建定圣体　　　　　　　　应：耶稣救我等

启：为主欣乐　　　　　　　　　　应：耶稣救我等

启：为主荣福　　　　　　　　　　应：耶稣救我等

启：除免世罪天主羔羊者　　　　　应：耶稣赦我等

启：除免世罪天主羔羊者　　　　　应：耶稣允我等

启：除免世罪天主羔羊者　　　　　应：耶稣怜我等

启：耶稣俯听我等　　　　　　　　应：耶稣垂允我等

请众同祷。吾主耶稣。基利斯督。尔昔有言曰。人求则授。人寻则得。人叩门则开。今求主赐我。尔至圣爱之情。使我等能以心以口以行爱慕尔。及时刻不断赞扬尔。为尔偕父偕圣神。惟一天主。乃生乃王世世。阿门。

请众同祷。天主既俾教众。爱慕耶稣。基利斯督。尔子吾主之圣名。并俾魔畏圣名。恳主赐诚敬圣名者。存获安宁。殁享永福于天。为吾主耶稣。基利斯督。阿门。

二、圣母德叙祷文

（谱例 7-22，藏文圣歌 "Litanies de La Ste. Vierge 圣母德叙祷文"，片段，谱本 p78-87）

藏文圣歌 "Litanies de La Ste. Vierge 圣母德叙祷文" 译谱

（谱例 7-23，藏文圣歌 "Litanies de La Ste. Vierge 圣母德叙祷文"，译谱）

"Litanies de La Ste. Vierge 圣母德叙祷文" 主要有两段旋律，谱例 7-21 中，a 段是主要乐段，吟诵式风格，全曲前半截以该段旋律为基础略微变动。b 段主要出现于乐曲后半截，头两个音符纯五度的大跳在整个圣歌谱本中都极为罕见。

"Litaniae Lauretanae 圣母德叙祷文"（常用译本）

启：天主矜怜我等	应：基利斯督矜怜我等
	天主矜怜我等
启：基利斯督俯听我等	应：基利斯督垂允我等
启：在天天主父者	应：矜怜我等
启：赎世天主子者	应：矜怜我等
启：圣神天主者	应：矜怜我等
启：三位一体天主者	应：矜怜我等
启：圣玛利亚	应：为我等祈
启：天主圣母	应：为我等祈
启：童身之圣童身者	应：为我等祈
启：基利斯督之母	应：为我等祈
启：天主宠爱之母	应：为我等祈
启：至洁之母	应：为我等祈
启：至贞之母	应：为我等祈
启：无损者母	应：为我等祈
启：无玷者母	应：为我等祈
启：可爱者母	应：为我等祈
启：可奇者母	应：为我等祈

启：善导之母　　　　　　　　应：为我等祈

启：造物之母　　　　　　　　应：为我等祈

启：救世之母　　　　　　　　应：为我等祈

启：极智者贞女　　　　　　　应：为我等祈

启：可敬者贞女　　　　　　　应：为我等祈

启：可颂者贞女　　　　　　　应：为我等祈

启：大能者贞女　　　　　　　应：为我等祈

启：宽仁者贞女　　　　　　　应：为我等祈

启：大忠者贞女　　　　　　　应：为我等祈

启：义德之镜　　　　　　　　应：为我等祈

启：上智之座　　　　　　　　应：为我等祈

启：吾乐之缘　　　　　　　　应：为我等祈

启：妙神之器　　　　　　　　应：为我等祈

启：可崇之器　　　　　　　　应：为我等祈

启：圣情大器　　　　　　　　应：为我等祈

启：玄义玫瑰　　　　　　　　应：为我等祈

启：达味敌楼　　　　　　　　应：为我等祈

启：象牙宝塔　　　　　　　　应：为我等祈

启：黄金之殿　　　　　　　　应：为我等祈

启：结约之柜　　　　　　　　应：为我等祈

启：上天之门　　　　　　　　应：为我等祈

启：晓明之星　　　　　　　　应：为我等祈

启：病人之痊　　　　　　　　应：为我等祈

启：罪人之托　　　　　　　　应：为我等祈

启：忧苦之慰　　　　　　　　应：为我等祈

启：进教之佑　　　　　　　　应：为我等祈

启：诸天神之后　　　　　　　应：为我等祈

启：诸圣祖之后　　　　　　　应：为我等祈

启：诸先知之后　　　　　　　应：为我等祈

启：诸宗徒之后　　　　　　　应：为我等祈

启：诸为义致命之后　　　　　应：为我等祈

启：诸精修之后	应：为我等祈
启：诸童身之后	应：为我等祈
启：诸圣人之后	应：为我等祈
启：无染原罪始胎之后	应：为我等祈
启：荣召升天之后	应：为我等祈
启：至圣玫瑰之后	应：为我等祈
启：安和之后	应：为我等祈
启：除免世罪天主羔羊者	应：主赦我等
启：除免世罪天主羔羊者	应：主允我等
启：除免世罪天主羔羊者	应：主怜我等
启：天神来报圣母玛利亚	应：乃因圣神受孕

请众同祷。恳祈天主。以尔圣宠。赋于我等灵魂。俾我凡由天神之报。已知尔子耶稣降孕者。因其苦难。及其十字圣架。幸迫于复生之荣福。亦为是我等主。基利斯督。阿门。天主洪佑。永与我等偕焉。阿门。

三、圣若瑟祷文和耶稣圣心祷文

藏文圣歌"Litanies de St. Joseph 圣若瑟祷文"

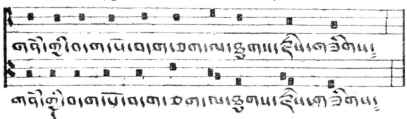

（谱例 7-24，藏文圣歌 "Litanies de St. Joseph 圣若瑟祷文"，片段，
谱本 p87-98）

藏文圣歌 "Litanies du Sacré-Cœur 耶稣圣心祷文"

（谱例 7-25，藏文圣歌 "Litanies du Sacré-Cœur 耶稣圣心祷文"，
片段，谱本 p98-107）

　　谱例 7-24 "Litanies de St. Joseph 圣若瑟祷文" 和谱例 7-25 "Litanies du
Sacré-Cœur 耶稣圣心祷文" 的旋律完全相同，但可以发现，谱例 7-24 中第一行
和第二行的调号有明显手抄错误，即钥匙应骑第四线并且降号漏抄。译谱如下。

藏文圣歌"Litanies de St. Joseph 圣若瑟祷文和 Litanies du Sacré-Cœur 耶稣圣心祷文"译谱

（谱例 7-26，藏文圣歌"Litanies de St. Joseph 圣若瑟祷文和 Litanies du Sacré-Cœur 耶稣圣心祷文"，译谱）

谱例 7-26 也有两段旋律，a 段用于圣歌的前半截，b 段用于后半截，只不过它们的差异不大，b 段是 a 段的简化而已。笔者找到翻译成五线谱的拉丁素歌，进行比对。

拉丁素歌 "耶稣圣心祷文" 五线谱片段

（谱例 7-27，拉丁素歌 "耶稣圣心祷文"，片段）

谱例 7-27 显示，藏文圣歌圣若瑟祷文和耶稣圣心祷文截取原曲谱的大部分旋律，对于后半截有跳动的音符部分旋律没有采纳。可以看出编写者的取舍态度，即我们很难看见有变化音和旋律较难的圣歌，如果原曲如此，该书的作者早已心中有数做了删减，这种修改在天主教传教中并不鼓励，如此不惜放弃固有传统的行为，笔者推测这大概是因为文化阻碍繁多，为了传教便利的缘故。4 首祷文在音乐上乏善可陈，但不能说其缺乏韵律风格，此点正突出拉丁素歌的基本要素-歌词的重要性和音乐的陪衬作用。

"Litanies de St. Joseph **大圣若瑟祷文**"（常用译本）

启：天主矜怜我等　　　　　　　　应：基督斯督矜怜我等
　　　　　　　　　　　　　　　　　　天主矜怜我等

启：基利斯督俯听我等　　　　　　应：基利斯督垂允我等

启：在天天主父者　　　　　　　　应：矜怜我等

启：赎世天主子者　　　　　　　　应：矜怜我等

启：圣神天主者　　　　　　　　　应：矜怜我等

启：三位一体天主者　　　　　　　应：矜怜我等

启：圣玛利亚　　　　　　　　　　应：为我等祈

启：圣若瑟　　　　　　　　　　　应：为我等祈

启：若瑟达味之名裔　　　　　　　应：为我等祈

启：古圣祖之光辉　　　　　　　　应：为我等祈

启：天主圣母之净配　　　　　　　应：为我等祈

启：圣母童贞清洁之护卫　　　　　应：为我等祈

启：鞠养天主子者　　　　　　　　应：为我等祈

启：勤卫基利斯督者　　　　　　　应：为我等祈

启：圣家之尊长　　　　　　　　　应：为我等祈

启：若瑟极义者　　　　　　　　　应：为我等祈

启：若瑟至洁者　　　　　　　　　应：为我等祈

启：若瑟极智者　　　　　　　　　应：为我等祈

启：若瑟极勇者　　　　　　　　　应：为我等祈

启：若瑟极听命者　　　　　　　　应：为我等祈

启：若瑟极忠信者　　　　　　　　应：为我等祈

启：忍耐之明镜	应：为我等祈
启：钟爱神贫者	应：为我等祈
启：艺人之表率	应：为我等祈
启：家居之徽美	应：为我等祈
启：童贞者之保护	应：为我等祈
启：室家之砥柱	应：为我等祈
启：苦者之安慰	应：为我等祈
启：病者之希望	应：为我等祈
启：临终者之主保	应：为我等祈
启：邪魔之惊惧	应：为我等祈
启：圣而公会之保障	应：为我等祈
启：除免世罪天主羔羊者	应：主赦我等
启：除免世罪天主羔羊者	应：主允我等
启：除免世罪天主羔羊者	应：主怜我等
启：天主特立之家臣	应：掌其一切所有者

请众同祷。天主。因尔无可名言之照顾。特简真福若瑟。为尔圣母之净配。恩赐我等。在世敬彼为主保者。得其在天之转达。乃尔偕圣父。及圣神。惟一天主。乃生乃王世世。阿门。

请众同祷。至仁至能者天主。惟主预简义人达味之裔。圣若瑟。为童贞圣母玛利亚之净配。复选伊为鞠养耶稣者。祈主为彼勋劳。俾圣而公会。乐享太平。并赐我等。咸受永照之安慰。阿门。

"Litanies Sacré-Cœur 耶稣圣心祷文"（常用译本）

启：天主矜怜我等	应：基利斯督矜怜我等 天主矜怜我等
启：基利斯督俯听我等	应：基利斯督垂允我等
启：在天天主父者	应：矜怜我等
启：赎世天主子者	应：矜怜我等
启：圣神天主者	应：矜怜我等
启：三位一体天主者	应：矜怜我等
启：无始圣父之子耶稣之圣心	应：矜怜我等

启：耶稣圣心圣神所成于贞母胎中者　　应：矜怜我等

启：耶稣圣心全体合于天主圣言者　　应：矜怜我等

启：耶稣圣心无限尊威者　　应：矜怜我等

启：耶稣圣心为天主之圣殿　　应：矜怜我等

启：耶稣圣心为至上者之慕府　　应：矜怜我等

启：耶稣圣心为天主之宫上天之门　　应：矜怜我等

启：耶稣圣心为爱火之烈窑　　应：矜怜我等

启：耶稣圣心为义德慈爱之总汇　　应：矜怜我等

启：耶稣圣心充满慈善仁爱者　　应：矜怜我等

启：耶稣圣心为诸德之渊　　应：矜怜我等

启：耶稣圣心最宜赞颂者　　应：矜怜我等

启：耶稣圣心为众心之王众心之向者　　应：矜怜我等

启：耶稣圣心为上智神明诸宝藏之所在　　应：矜怜我等

启：耶稣圣心为主性全备之所居　　应：矜怜我等

启：耶稣圣心为圣父所欣悦者　　应：矜怜我等

启：耶稣圣心我等咸受其盈余　　应：矜怜我等

启：耶稣圣心为永远山陵之仰望　　应：矜怜我等

启：耶稣圣心最忍耐慈悲者　　应：矜怜我等

启：耶稣圣心富有以赐祷尔者　　应：矜怜我等

启：耶稣圣心为神命圣德之源　　应：矜怜我等

启：耶稣圣心为我等罪恶之补赎　　应：矜怜我等

启：耶稣圣心饱受凌辱者　　应：矜怜我等

启：耶稣圣心为我等罪恶伤残者　　应：矜怜我等

启：耶稣圣心至死顺命者　　应：矜怜我等

启：耶稣圣心为长矛所刺透者　　应：矜怜我等

启：耶稣圣心为诸欣慰之泉　　应：矜怜我等

启：耶稣圣心为我等之生命复活　　应：矜怜我等

启：耶稣圣心为我等之安乐平和　　应：矜怜我等

启：耶稣圣心为赎罪之牺牲　　应：矜怜我等

启：耶稣圣心为望尔者之救援　　应：矜怜我等

启：耶稣圣心为临终莱尔者之仰望　　应：矜怜我等

启：耶稣圣心为诸圣人之欢忭	应：矜怜我等
启：除免世罪天主羔羊者	应：主赦我等
启：除免世罪天主羔羊者	应：主允我等
启：除免世罪天主羔羊者	应：主怜我等
启：良善心谦之耶稣	应：恳使我等之心仰合尔心

请众同祷。全能无始无终者天主。垂视尔极爱子之圣心。并视其代我罪人。所献于尔之颂赞。所行之补赎。凡罪人乞尔慈悯。恩即息怒赦宥之。为尔子耶稣基利斯督之名。其偕尔偕圣神。惟一天主。乃生乃王于无穷世。阿门。

尽圣尽仁。救世之主耶稣。以从来未有之新恩。常留于圣而公会。大开福乐之途。今我等虔恭求尔。许我时随至爱。报主尽圣尽仁之恩。补我负主恩之罪。偕父及圣神。均生均王。阿门。

从以上四段连祷文中可以看出，它全部采用应答对诵的方式，领诵者提出主题内容呼出不同名号，会众教徒回应求主怜悯我等罪人的祈求。在格式上有一定的套路：首先，每段的前六句完全相同，首句启应"天主矜怜我等，基利斯督矜怜我等，天主矜怜我等"是天主教传统"垂怜经"（亦称慈悲经）的祷词；第二句启应"基利斯督俯听我等，基利斯督垂允我等"是恳求基督听众人祈祷的经文；第三、四、五句分别呼求上帝三位"父、子、圣神"的名号，但神学上三位为一体并不分开提及，因此第六句是呼求"三位一体天主者"。其次，每段最后四句的套路为，前三句呼求三次"除免世罪天主羔羊者"，应者答"主赦我、允我、怜我等"，最后一句是对祷文对象的总结性祈祷词。第三，中间部分是对祈祷对象各种名号的呼求祈祷，提出所祈祷对象名号的种种德行属性。"耶稣圣名祷文"提出耶稣名号的 38 种属性，"圣母德叙祷文"提出圣母的 49 种属性，"大圣若瑟祷文"提出圣若瑟的 25 种属性，"耶稣圣心祷文"提出耶稣圣心的 33 种属性，每一种属性都反映浓厚的神学特色和情感色彩。举例说明，"圣母德叙祷文"中圣母的第 32 种属性"上天之门"，彰显了这样一种神学观念：天主教认为圣母是人和天主之间传送恩宠的主保人，但凡好好依靠敬礼圣母的人，可以赦罪求恩得到天主的垂怜，教会认为"凡是虔敬圣母的灵魂，即使在炼狱中受苦，圣母也必定尽力使这个灵魂及早升天。"[8]因此"上天之门，为我等祈"等此类经文串联起来传递出深邃的宗教神学观。天主教相信念经有赦罪的功效，以上这些连祷文凡热心诵念者，每次可获三百日大赦，这种靠念经或功德赎罪的观点和基督教神学有本质上的差别。

第四节　Antiphona 对经/交替圣歌类

　　Antiphona 译作对经、对唱曲、轮唱诗、轮唱赞美诗、交替圣歌、应答圣歌等，早期指歌唱圣咏的短小诗节副歌，由男人和女人（由寡妇和贞女组成）歌队轮唱。后逐渐演变唱完诗节副歌，加入"荣耀归于天父"（Gloria patri）。其后每唱完一两句诗节加入一个短乐句作为迭歌。Antiphona 的字面含义源于希腊语"交叉发声"，早先只在弥撒礼仪的开始和结束时咏唱，之后演化称独立的歌唱段落。弥撒和日课礼仪中出现最多的就是圣咏和 Antiphona 对经。藏文圣歌谱本选录两首 Antiphona 对经：NO1 "Asperges me 复活期外洒圣水歌"和 NO17 "Regina caeli laetare 圣母喜乐"。

一、复活期外洒圣水歌

藏文圣歌"Asperges me 复活期外洒圣水歌"

（谱例 7-28：藏文圣歌 Asperges me 复活期外洒圣水，第一段，谱本 p1-2）

8　叶廉清《圣母德叙祷文简释》上海，天主教上海教区光启社，1997 年，第 51 页。

天主教礼仪中洒圣水的经歌分两种：一是复活期外（常年期）主日的经歌 Asperges me，歌词是圣咏 51 篇的第 9、3 节。二是复活期主日的经歌 Vidi aquam，歌词是圣咏 47 篇第 1 节和 118 篇第 1 节。本曲 Asperges me 是复活期外之常年期经歌，属于固定弥撒经文部分。洒圣水礼有洁净、赦罪、求恩的含义，也纪念每位教徒借着水和圣神洗礼重生成为天主子民，当神父向全体会众洒圣水时，所有教徒划十字圣号响应，祈求净化得以手洁心清地到天主台前。

这首"Asperges me 复活期外洒圣水歌"正是破解藏文圣歌密码的第一曲，笔者原期望自此能找出藏族音乐的风格，不想被一位北京的老教徒告之，此曲的名字虽是洒圣水歌，但旋律却是另一首传统的著名拉丁素歌。两首圣歌内容完全不同，即这首洒圣水经歌套用了别的曲调，与藏族旋律毫无关联。一语道破天机，语言文字的艰涩障碍，在音乐面前逐一瓦解，笔者这才改变思路，翻阅大量古今圣歌本进行比对查找，将这本天书般的乐谱破解。"Asperges me 复活期外洒圣水歌"套用了拉丁素歌之继叙咏"Lauda Sion Salvatorem 圣赞曲"的第一段和第二段的曲调。（见谱例 7-29）

拉丁素歌"Lauda Sion Salvatorem 圣赞曲"

（谱例 7-29，拉丁素歌"Lauda Sion Salvatorem 圣赞曲"，第一段）

拉丁素歌"Lauda Síon Salvatórem 圣赞曲"歌词被认为是托马斯·阿奎那所作，此曲是赞美耶稣圣体的诗歌，用于基督圣体圣血节弥撒中的继叙咏内，亦在圣瞻礼五（最后的晚餐）建立圣体之日颂唱。我们难以揣摩编者为什么节选这首曲调用于"Asperges me 复活期外洒圣水歌"，仅知此曲非常有名，也许就是原因之一。

藏文圣歌"Asperges me 复活期外洒圣水歌"译谱

（谱例 7-30，藏文圣歌"Asperges me 复活期外洒圣水歌"，第一段译谱）

藏文圣歌"Asperges me 复活期外洒圣水歌"歌词大意（译本一，肖杰一翻译）：

至慈悲的天主，请允许我忏悔我们的罪过。

你用瓶子里的水洗我，我就白过雪。

在弥撒中，我们将信德望德爱德奉献给你。

我们跟神父一起，把祭品奉献给天主。

藏文圣歌"Asperges me 复活期外洒圣水歌"（译本二，常用文言译本-汉文《圣教经课》第 120 页）

（周年主日-弥撒前铎德洒圣水时诵）

主将洒我 以希所薄 我即洁 尔洗我 我即白过雪

天主依尔大仁慈矜怜我 且依尔哀矜之丰盛

涂予恶逆 荣应归父 云云 主将洒我 云云

二、复活期三钟经"天后喜乐"

"Regina caeli laetare 天后喜乐"（圣母喜乐经）是复活期的三钟经。三钟经是中世纪民间效法修道院日课而简化的平民祈祷文，分为常年期和复活期经文，通常在日出、正午和日没时分诵念，传统中教堂会鸣钟三次，提醒人们暂停手中的工作，默想天主的救赎计划并赞美天主。现在的三钟经每钟之后加念一遍"万福玛利亚"圣母经，到了复活期改诵"Regina caeli laetare 天后喜乐"（圣母喜乐经），以庆祝耶稣基督复活的喜乐，以领唱和众唱的应答交替方式颂唱。

藏文圣歌 "Regina caeli laetare 天后喜乐"

（谱例 7-31，藏文圣歌 "Regina caeli laetare 天后喜乐"，第一段，
谱本 p61-63）

"Regina caeli laetare 天后喜乐" 是 antiphonae finales 四首与玛利亚有关的时辰圣歌之一，称为 "有福玛利亚交替圣歌" Antiphons of the Blessed virgin Mry，它们是："Alma Redemptoris mater 仁慈救世圣母" 用于将临期至圣母行洁净礼日（献耶稣与圣殿节庆）；"Ave Regina caelorum 天后颂" 用于圣母行洁净礼日至复活节前星期三；"Regina caeli laetare 天后喜乐" 用于从复活节前星期三至圣神降临节；"Slave Regina 万福天后" 用于圣神降临节的第 8 天至将临期。

藏文圣歌 "Regina caeli laetare 天后喜乐" 译谱

（谱例 7-32，藏文圣歌 "Regina caeli laetare 天后喜乐"，第一段译谱）

这首圣歌没有采用传统的拉丁素歌旋律，全曲只有四个音符 "La-Sol-Fa-Re"，接近中国民歌风格，但无法断定其确切来源。藏族教徒用男女对唱的方式演唱这首圣歌，表达耶稣复活，祈求圣母玛利亚快乐的心情。

NO17 "Regina caeli laetare 天后喜乐"（译本一）

启：天皇后喜乐 应：亚肋路亚

启：盖尔攸孕者 应：亚肋路亚

启：如前云复活 应：亚肋路亚

启：为我等祈天主 应：亚肋路亚

启：童贞圣母玛利亚喜乐 应：亚肋路亚

启：盖主真复活　　　　　　　　　　　应：亚肋路亚

合：为尔圣子之复活。令天下万民。喜庆天主者。为童贞圣母
　　玛利亚。赐我等永享常生之喜乐。阿门。

NO17 "Regina caeli laetare 天后喜乐"（译本二）

启：天上母后欢乐吧　　　　　　　　　应：阿肋路亚

启：因为您亲生的爱子　　　　　　　　应：阿肋路亚

启：正如他所预言已经复活了　　　　　应：阿肋路亚

启：请为我们祈求天主　　　　　　　　应：阿肋路亚

启：童贞玛利亚欢乐吧　　　　　　　　应：阿肋路亚

启：因为主真复活了　　　　　　　　　应：阿肋路亚

启：因为主确实复活了　　　　　　　　应：阿肋路亚

合：请大家祈祷，天主你的圣子耶稣基督，我们主已经复活，
　　天下万民踊跃欢腾，恳求你因童贞圣母玛利亚的转求，赐
　　我们分享永生的喜乐。因我们的主基督。阿们。

译本一为旧式文言，年长的老教徒们耳熟能效对此，颂唱出来韵味悠长，却令新入教者不知所云。译本二是新式通俗译本，多为年轻人接受。但笔者在调研中发现，由于信教人数以家传和老年教徒居多，年轻人虽不习惯却也大多接受文言版的各种圣歌和祈祷词。

第五节　Cantus 圣歌类

Cantus "圣歌、歌曲"，全谱本有两首：NO4 "Ave verum 圣体颂" 和 NO13 "O filii et filiae 耶稣复活歌"。

一、圣体颂

"Ave verum 圣体颂" 是一首源于 14 世纪短小的圣体颂歌，中世纪奉献礼时，司祭祝圣圣体圣血后，将之举起让会众瞻仰朝拜，并在感恩经结束时再度举起，在这些时候 "Ave verum 圣体颂" 会唱响。汉文《圣教经课》注：举扬圣体圣血时，众教徒俯伏叩拜，恭敬主体主血后，举扬后抬头直身，向主恭诵。[9]另外，这首歌也多用于圣体圣事的降福礼中。

9　汉文《圣教经课》第 133 页，出版及时间不详。

藏文圣歌"Ave verum 圣体颂"

（谱例 7-33，藏文圣歌"Ave verum 圣体颂"，第一段，谱本 p10-12）

藏文圣歌"Ave verum 圣体颂"译谱

（谱例 7-34，藏文圣歌"Ave verum 圣体颂"，第一段译谱）

　　藏文圣歌"Ave verum 圣体颂"并没有采用传统的拉丁素歌曲调，该旋律的来源我们不得而知。全曲共四段歌词，每段曲调相同。从译谱上分析，该曲结构规整，两段乐句同头变尾，分别结束于该调的吟诵音和终止音之上，旋律以平咏起音，随之线条波浪起伏，听之舒缓温婉而情至深处。

　　"Ave verum 圣体颂"歌词由教宗英诺森六世（b.1362）为耶稣圣体节而作，全诗默想耶稣真实临在于圣体圣事中祝圣后的圣体，这是天主教重要神学思想，该观念认为耶稣隐于祝圣后的饼与酒，物体的外形一样，但实质已转变为复活的真实基督。对教徒来说，他们领受的饼将是复活的基督，藉此圣事得以与救主心神相交、圣洁美妙。"Ave verum 圣体颂"表达耶稣为罪人赎罪至死，其身体-饼和血-酒成为天神食粮滋养相信他的受众。除传统的拉丁素歌，历史上有很多作曲家为之谱曲，最著名的是莫扎特之作品（K. 618），该曲应他的朋友 Anton Stoll 之邀，于 1791 年 6 月 17 日谱于耶稣圣体节。全曲为唱诗班、弦乐和管风琴所作，仅 3 分钟的一首小品，但极为虔敬、柔和，透露深邃静谧的宗教感受，与歌词表达的情怀骨肉相连，令人动容。

"Ave verum 圣体颂"（译本一）

众：我主耶稣真活身，生于玛利亚童贞。
　　果替罪人受难死，献于苦架作牺牲。

领：厥肋彼枪穿，水血流成泉，俾我揾尝尔，予吾死诘先。
　　吁宽吁仁兮，贞母圣郎兮，天主独子兮，耶稣怜我兮。
　　吁救世珍牺，启天门贵仪，仇雠敌甚迫，祈增勇佑兮。
　　永荣悉应归，三位一体主，赐我抵天乡，揾享受无疆。
　　亚孟。

"Ave verum 圣体颂"（译本二）

真而又真，可信可钦，此即耶稣之圣身。
伊昔降生，生于童贞，末了为人将命倾。
身受毒鞭，头戴茨冠，手足横架被钉穿。
圣心刺透，血水齐流，沐我饮我恩德周。
领：吁甘饴耶稣！
众：吁仁爱耶稣！
领：吁耶稣！玛利亚之子！

"Ave verum 圣体颂"二译本略有不同，译本一为清末译本，韵文古雅，七言领诵赞美耶稣的救赎行为，五言众诵以详细叙事的回应颂赞救主之大德。译本二为半文半白的现代通用译本，全文以四句 4、4、7 的格律诗文阐述明了耶稣的救世行为并给予信众的牧养，在最后嘘唏感叹的领与众之启应诵祷中淋漓出全部的情感。

二、耶稣复活歌

"O filii et filiae 耶稣复活歌"是庆祝复活节奥迹的圣歌，歌词由方济各小兄弟会的若望·迪瑟兰德（Jean Tisserand, O.F.M. d. 1494）创作，共有 12 段。这首歌在法国非常流行，并逐渐流传到其它地区。在法国各地教区，复活节主日圣祭礼仪中的圣体祝福唱这首圣歌。

它由一个独唱（或一个声部）和唱诗班轮流交替演唱：最先的乐句是反复的副歌三个"alleluia"，首先由一个独唱（或一个声部）演唱，接着唱诗班重复一遍，独唱随即唱第一段。接下来唱诗班唱三次"alleluia"和第二段，再重复唱三次"alleluia"。独唱与合唱队如此往复继续交替，直到末段。结尾处最后一遍三次"alleluia"由独唱演唱。

藏文圣歌"O filii et filiae 耶稣复活歌"

（谱例 7-35，藏文圣歌 "O filii et filiae 耶稣复活歌"，第一段，谱本 p53-56）

拉丁素歌 "O filii et filiae 耶稣复活歌"

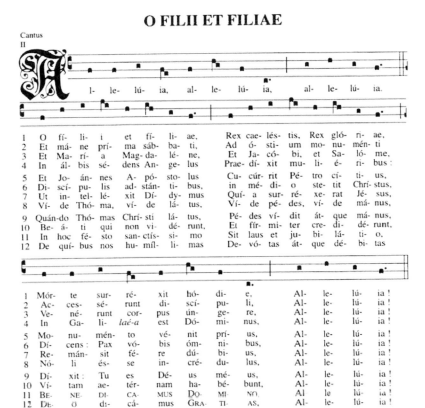

（谱例 7-36，拉丁素歌 "O filii et filiae 耶稣复活歌"，全曲）

　　藏文版谱例 7-35 和拉丁版谱例 7-36 对比发现，藏文版在旋律上有所删减，个别音符有变动，小节换气处因为语言的缘故也有所不同，但并无多少出入。笔者在搜集的资料中发现该首乐曲的多种四部和声版本，谱例之间个别音符节拍也略有相异。通常这首圣歌被改编成三拍子节奏，"三"的数字含义在中世纪神权时期有特别的含义，上帝三位一体的属性代表完全、美好、神圣，因此音乐上的三拍子也多被赋予此意，此外，这首圣歌用三拍子演唱更能表达欢快喜悦的情感，符合耶稣复活庆典的氛围。下面例举拉丁文和中文两个配有和声的版本。

"O filii et filiae 耶稣复活歌" 15 世纪版本

（谱例 7-37，"O filii et filiae 耶稣复活歌" 15 世纪
版本全曲，歌词节录）

"O filii et filiae 耶稣复活歌" 中文版本

阿肋路亚

（谱例 7-38，"O filii et filiae 耶稣复活歌" 中文版本
全曲，歌词节录）

谱例 7-37 和谱例 7-38 的译谱显示，全曲中惟一的变化音"升 Sol"音在原拉丁和藏文谱中没有出现，拉丁素歌采用自然调式，变化音极少，多为"降 Si"音，是为避免与"Fa"音出现的不和谐效果。两首译谱拍子不同，前者 3/8 拍比后者 3/4 拍的效果更为轻盈欢快，所配的和声也不尽相同，笔者手头还有更多版本配法的四部和声版，可见这首圣歌广受人们喜爱。

"O filii et filiae 耶稣复活歌"（译本一）

亚肋路亚，亚肋路亚，亚肋路亚。

天主子女喜若狂，天上之君光荣王，
今日已成复活郎。亚肋路亚。

主日清晨露曙光，坟墓石门移偏方，
门徒进入现惊慌。亚肋路亚。

马达肋纳哭主殁，雅格母亲撒罗茱，
尊敬盼将遗体抹。亚肋路亚。

白衣天使做墓堂，预告妇女勿彷徨，
加里肋亚主已往。亚肋路亚。

若望宗徒闻讯音，偕伯多禄齐飞奔，
先抵墓园堂未登。亚肋路亚。

多默宗徒曾听闻，主已复活显神能，
持续怀疑蔽阴云。亚肋路亚。

多默敬请肋旁看，脚踝手腕慎查案，
不做无信鲁莽汉。亚肋路亚。

多默探索主肋骨，手足检查怕疏忽，
吾主天主宣信德。亚肋路亚。

未见而信真幸福，坚固信服心满足，
永生生命已捕捉。亚肋路亚。

至圣节日今庆贺，颂谢欢愉齐唱和，
赞美上主勿懒惰。亚肋路亚。

我等因此更谦卑，有责奉献虔敬技，
感谢天主声四起。亚肋路亚。

"O filii et filiae 耶稣复活歌"（译本二）

亚肋路亚，亚肋路亚，亚肋路亚。
子兮女兮天主之人，从天降临光荣王君，
自死者中今日复生。亚肋路亚。
第七之日早晨昧爽，圣墓石板天使大张，
主徒诣至葡萄瞻仰。亚肋路亚。
又玛利亚玛达肋纳，又雅各布伯及撒罗默，
市买没药擦圣尸来。亚肋路亚。
一位天使穿白衣裳，望圣妇等预言告讲，
加里肋亚见主显扬。亚肋路亚。
可爱宗徒圣史若望，比伯多禄急速跑往，
故其先到主坟墓旁。亚肋路亚。
主徒门弟聚在一堂，惊讶见主立已中央，
闻伊告说予平尔裳。亚肋路亚。
徒弟多默闻此福音，吾主复生显于尔等，
疑惑奇事未见不信。亚肋路亚。
观视多默观视肋旁，试探足孔试探手伤，
不背信德忠信人当。亚肋路亚。
多默一视耶稣肋骨，试探其孔试探手足，
答曰汝是吾主天主。亚肋路亚。
凡未视者凡未探孔，坚坚实实一心信从，
永远生活真福之人。亚肋路亚。
在此至圣瞻礼日中，歌颂赞美喜欢跃踊，
于主庆贺福乐光荣。亚肋路亚。
为此吾侪普世信众，宜发谦逊热切心情，
感谢天主真主洪恩。亚肋路亚。

"O filii et filiae 耶稣复活歌"译本一七言对仗的译法并非古文言，每七言最后一词基本严格押韵，全诗大意通俗流畅，是完全对照拉丁素歌节奏划分的翻译。译本二歌词半文半白八言对仗，是依照三拍子音乐节奏的翻译。

第六节　Cantique 赞美歌类

法语词汇 Cantique 有感恩歌、圣歌、赞美歌及俗语演唱的宗教歌曲等含义。藏文圣歌共有两首法语目录的 Cantique：NO5 "Cantique au Sacré-Cœur 耶稣圣心赞歌" 和 NO12 "Cantique de Noël 耶稣圣诞歌"。

一、耶稣圣心赞歌

藏文圣歌 "Cantique au Sacré-Cœur 耶稣圣心赞歌"

（谱例 7-39，藏文圣歌"Cantique au Sacré-Cœur 耶稣圣心赞歌"，
第一段，谱本 p12-20）

藏文圣歌 "Cantique au Sacré-Cœur 耶稣圣心赞歌" 译谱

（谱例 7-40，藏文圣歌"Cantique au Sacré-Cœur 耶稣圣心赞歌"，
第一段译谱）

全曲旋律结构以 "La" 为主音围绕着 "La-Sol-Do-Si" 四个音符小幅度起伏，虽无法找到相对应的拉丁素歌，但可以肯定该曲调类似素歌风格，这种围绕一个主音二、三度内上行下进的旋法是吟诵调的特征。

全曲共有 15 段歌词，每段最后一句相同，大意为 "赞美耶稣圣心"。这是一种对圣心的敬礼（devotion to the Sacred Heart），其对象是耶稣的心，源于神秘主义个人灵修的结果，由巴莱勒毛尼 "往见修女会" 的玛加利大修女（Marguerite Marie Alacoque,1647-1690）和葛乐德高隆汴司铎（C. de la Colombiere, 1641-1682）在法国推广。耶稣圣心标志性画面是耶稣敞开胸膛手指带有茨冠的心，象征挚爱世人却受之苦痛的情感。1856 年教宗碧岳九世（Pius IX, 1846-1878）将纪念耶稣圣心的庆节（圣体节八日后的星期五）以官方教会的身份正式推行，今日教会对耶稣圣心敬礼的方式有敬礼圣心的庆日、圣神降临节后第二周星期五、每月第一个星期五守圣时、圣心祷文、圣心入主家庭等。其中，6 月 3 日是耶稣圣心瞻礼也是司铎圣化日。教会常用圣心类祷文有：耶稣圣心祷文（连祷文类，藏文圣歌 NO22）、补辱诵、献心诵、仰赖圣心求救炼灵诵、耶稣圣心祝文、耶稣圣心瞻礼祝文、向耶稣普世总王诵、圣心入主家庭的奉献全家于耶稣圣心诵、向耶稣圣心赎罪诵等。

"Cantique au Sacré-Cœur 耶稣圣心赞歌" 歌词大意（保禄翻译）

1、上天诸圣在天享福乐，现我们痛苦的人间如何才能得到耶稣圣心的降福。

吁耶稣圣心

2、耶稣圣心尊威的圣心，今在你面前我们的心奉献于台前，我们发誓永远爱你。

吁耶稣圣心

3、救主耶稣，你是天地的大君王，仁慈的圣心，天堂的光荣，求你和我们永远在一起。

吁耶稣圣心

4、在有良善宽仁的地方完全是圣心给我们的恩宠，依靠圣心，求你照你的心愿成就我们。

吁耶稣圣心

5、像母亲怀抱爱子一样，让我们投入他的怀抱里，受到诱惑的时刻给我们抵御的力量，保护我们。

吁耶稣圣心

6、天主是仁慈的圣父耶稣怎么会不帮我们呢，圣心爱我们受苦忍痛并伤透了圣心。

吁耶稣圣心

7、我们痛苦的心奉献给你，你力尽种种苦难，为迷途的人显示了你的慈爱保护贫苦的人及全天下。

吁耶稣圣心

8、依靠耶稣圣心，让我们分清黑暗与光明，引领我们进入乐土分享幸福，免去我们的罪罚。

吁耶稣圣心

9、可敬的耶稣圣心是海洋中的救星，爱像海浪一样，不但洗尽我们的罪，还给我们恩惠。

吁耶稣圣心

10、可爱的耶稣圣心，人类的善牧，你取了人性，甘愿下降尘世受苦受难拯救世人，如此大爱。

吁耶稣圣心

11、耶稣圣心是我们的依靠，是希望的力量，摧毁了死亡的权利，有你同在我们还惧怕什么。

吁耶稣圣心

12、耶稣圣心是我们恩宠的来源，我们赞美你、感谢你，我们的身心灵一切奉献给你。

吁耶稣圣心

13、诸天圣人之欢乐，同瞻仰，耶稣圣心爱人情真饱受凌辱。圣心无限尊贵奉献给你。

吁耶稣圣心

14、你是仁爱之王，求你爱火长赐让我们燃起爱之火焚化冰冷的世界。

吁耶稣圣心

15、求你在异教的藏区，在魔掌奴役中解除束缚，从黑暗中引导他们进入光明的道路。

吁耶稣圣心

二、耶稣圣诞歌

藏文圣歌"Cantique de Noël 耶稣圣诞歌"是全集唯——首圣诞节的歌曲，可以看出此书编纂的圣歌十分有限，纵使是四大瞻礼之一的圣诞节庆也只选了一曲。

藏文圣歌"Cantique de Noël 耶稣圣诞歌"

（谱例 7-41，藏文圣歌"Cantique de Noël 耶稣圣诞歌"，第一段，谱本 p47-52）

藏文圣歌"Cantique de Noël 耶稣圣诞歌"是全本歌谱中旋律上最接近中国或藏族音乐风格的一首，译谱如下：

藏文圣歌"Cantique de Noël 耶稣圣诞歌"译谱

（谱例 7-42，藏文圣歌"Cantique de Noël 耶稣圣诞歌"，第一段译谱）

全曲主要音阶为"La-Do-Re-Mi-Sol"，中国五声 C 羽调式，但从第三段歌词开始，第二句音乐旋律变成了"Do-Mi-La-Do-Fa-La-La"，出现了一个"Fa"音替代"La"音，类似加入"清角"的六声调式。之所以是"类似"，原因在于藏文圣歌谱本系手抄本翻印，笔者在校对过程中发现多处明显的人为错误，因此在曲谱第一、二段原无"Fa"音，却出现于其后的所有段落中，在无法查找原谱的情况下难以断定其准确性。不过此首的歌词有多个版本的旋律曲调，下例是采用中国北方曲调谱写的"耶稣圣诞歌"，虽不清楚原曲曲名，但这首圣诞歌委婉动听，改编得宜。

中国风格圣歌"Cantique de Noël 耶稣圣诞歌"全曲

（谱例 7-43，采用中国北方民间曲调编写的"Cantique de Noël 耶稣圣诞歌"，全曲）

藏文圣歌"Cantique de Noël 耶稣圣诞歌"歌词由英塞提（约 14 世纪，Auctores Incerti）创作，流传广泛。值得一提的是，另有一首法国圣歌"Cantique de Noël"脍炙人口，由 Placide Cappeau（1847）作词，法国著名音乐家 Adolphe Adam （1803-1856） 谱曲。英译"O Holy Night"，中文流传的译本称"啊，圣善夜"（杨周怀译词）。

"Cantique de Noël 耶稣圣诞歌"（自圣诞日起至三王来朝日日宜诵，文言旧式）

启：圣婴诞生白冷兮。	应：白冷兮。	启：从此欢乐诸信友。	应：阿肋路亚。阿肋路亚。
欢乐上天天神兮。	天神兮。	欣声歌颂真主怡。	阿肋路亚。阿肋路亚。
福音预报牧童兮。	牧童兮。	救主纯神服躯里。	阿肋路亚。阿肋路亚。
褕褓置于马槽兮。	马槽兮。	其王阔治无边际。	阿肋路亚。阿肋路亚。
牧童踊趋见礼兮。	见牛吩。	堪奉诚衷不虚谊。	阿肋路亚。阿肋路亚。
（跪）申恭叩拜耶稣兮。	耶稣兮。	连蠢驴牛知伏地。	阿肋路亚。阿肋路亚。
艳艳怡颜圣婴兮。	圣婴兮。	惟纯惟朴是所喜。	阿肋路亚。阿肋路亚。
异星从天显示兮。	显示兮。	皇皇急步三圣王。	阿肋路亚。阿肋路亚。
离朝弃国圣王兮。	圣王兮。	舍己忘劳为主觅。	阿肋路亚。阿肋路亚。
（跪）匍匐钦崇献贡兮。	献贡兮。	黄金乳香没药仪。	阿肋路亚。阿肋路亚。
圣婴欣欣祝圣兮。	祝圣兮。	雅意三王荷宠兮。	阿肋路亚。阿肋路亚。
我堪何物奉献兮。	奉献兮。	幸获卑微中主意。	阿肋路亚。阿肋路亚。
至哉耶稣可爱兮。	可爱兮。	且也常钦至善谊。	阿肋路亚。阿肋路亚。
卑污心身极贱兮。	极贱兮。	兼我所有统献兮。	阿肋路亚。阿肋路亚。
至圣圣哉圣主兮。	圣主兮。	俯望垂怜慈目视。	阿肋路亚。阿肋路亚。
久望救主果至兮。	果至兮。	好欢跃。	咏歌兮。
荣光圣三共一体。	荣光圣三共一体。		
永生永王于永世。	阿肋路亚。阿肋路亚。		
阿肋路亚可踊兮。	阿肋路亚可踊兮。		

"Cantique de Noël 耶稣圣诞歌"无论是藏文版或中文版，其旋律亲切优美，衬映歌词相得益彰琅琅上口，启应对答不亦乐乎，总能表达一种救主降世欢庆圣诞的喜悦之情。

第七节 Psalmi 圣咏类

一、圣咏的吟唱

Psalmi 圣咏类源自圣经旧约之《圣咏》集，这是圣经中与音乐关系最为密切的篇章，又称"达味（戴维）圣咏集"，这部以色列人的赞美诗集在犹太教和基督宗教崇拜中极为重要。"圣咏"（英 Psalms）一词，是两个希腊文名称（Psalmoi,Psaltērion）翻译的拉丁文。其希腊文源自 psállō "弹或哼"，最早指弹奏拨弦乐器或乐器本身，后被用来形容歌曲或歌集。路加福音的作者使用一个完整的希腊文名称"诗歌书"，而希伯来原文"圣咏"意为"颂歌"或"赞美之歌"，中文天主教译名"圣咏"，基督教译名"诗篇"。

大部分及早期的诗歌被归为达味王名下，原因是他喜好音乐并建立圣殿诗歌班。另有科辣黑、阿撒夫的诗歌一部分。还有较短的诗歌如"登圣殿歌/升阶歌"以及"亚肋路亚"赞美诗。希伯来诗歌基本体裁是平行体，其结构音乐性很强有利于歌唱。最普遍的圣咏诗歌类型是 mizmôr（诗歌），在全篇中出现超过 50 次，代表一种有弦乐器伴奏的祭祀礼仪诗歌。另有 30 首称为 šîr（歌曲），可能是与宗教无关的圣咏。

> 在圣经形成之前，会堂习惯上会读一首诗篇（圣咏：笔者按，后同），然后读一段五经…每部分的结束均有一首赞美诗…第 150 篇亦作为整卷诗篇总结性的赞美诗。[10]

圣咏可能根据摩西五经方式分成五卷，这已经沿袭了两千多。按其内容和体裁可分为赞美诗、咏史诗、预言诗、抒情诗、哀怨诗、诅咒诗等。古犹太人很少能拥有圣经抄本，但能在崇拜中大量背诵圣咏。圣咏按其诗歌的结构大概有四种不同的模式：[11]

1. 简易的诗：一人独唱的（诗 46）
2. 回应的诗：诗班回应独唱的赞美诗（诗 67：1-2）
3. 唱和的诗：以同一个句子作为句子的开始或结束，由两个诗班轮流唱（诗 103：1-2、20-22）
4. 连祷诗：副歌不断重复（诗 80：2-3、6-7、18-19）

---

10 [美]赖桑，马杰伟译《旧约综览》加拿大，国际种籽出版社有限公司，1994 年，第 664 页。

11 [美]赫士德，谢林芳兰译《当代圣乐与崇拜》台北，校园书房出版社，2002 年，第 161 页。

　　希腊文和拉丁文译本的圣咏集篇数与原文（希伯来文）不同，中译本采用原文分法共计 150 篇。东方拜占庭正教会圣歌和西方天主教会拉丁素歌沿袭犹太人的圣咏吟唱传统，有传统八调式表达不同情感。

圣咏吟唱八调式

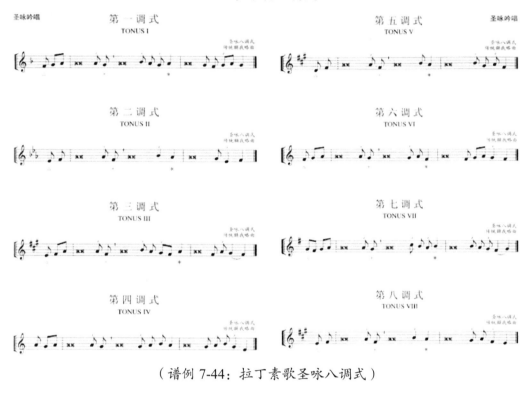

（谱例 7-44：拉丁素歌圣咏八调式）

　　谱例 7-44 标"△"处为起始/开头（Initium），"＋"号标记为转折（Hexa）指换气处，终止/中停（Mediatio）以"＊"号标记。具体演唱法有如下说明：

八大调的唱法说明：

1、开头（Initium）各调都是三个字开头，前两字的音定调，第三个字的音贯穿全调的主音。吟唱时，由领唱员（Cantores）启唱开头，歌咏队甲班接唱下去。乙班唱第二诗句时，由主音启唱，不唱开头定调的两个音。

2、换气本叫折转（Hexa）是有些诗句较长，需要换气处，以十字"＋"号为记，主音唱到"＋"号处，最后一个字降低一个音，换气，后接唱主音。

3、中停（Mediatio）这是决定一个调式情感的关键部分，以星号"*"为记。有两个字中停的（如：二、五、八调），有四个字中停的（如：一、二、三、四、六、七调）。两个字中停的第一个字重读，四个字中停的，倒数第二个字重读。四个字中停的，除第四调外，其它调或有两个重读，即第一个字和倒数第二个字重读，这个很重要，因为重读后面一般只有一个字，也就是只有一个音符。若单词的字数超两个字，则要增加音符，重读音符后面括号里的音符就是这个作用，重读字，完全按照汉语的单词词义决定，重读字，完全按照汉语的单词词义决定，若重读唱错了，就破坏了词义和调式的情感、风味。

4、结尾（Terminatio）一般都是四个字结尾，个别是也有三个字，五个字结尾的，若有虚字（如：的、和、而等），一定要唱在括号内的音上。

5、主音（Tenor）是贯穿全调的一个音，不同的调有不同的主音（如 3…，4…，6…，1…，2…），开头的第三个字便是全音，一直到"＋"号（换气）降落后又唱主音，直到"*"（中停）后，又唱主音，直到结尾前的第三或第四字为止（根据各调后结尾字数）。[12]

　　藏文圣歌收录 2 首圣咏：NO6 圣咏 51 篇"Miserere 主啊，怜悯我"和 NO8 圣咏 130 篇"De Profundis 哀悼经/自深处"，均用于丧葬追思礼仪。

二、圣咏 51 篇"主啊，怜悯我"

　　NO6 圣咏 51 篇"Miserere 主啊，怜悯我"是全集七篇认罪忏悔诗歌之一，小标题注明写作的历史背景"达味诗歌交与乐官，作于纳堂先知前来指责他与巴特舍巴犯奸之后。"这个著名的故事载于旧约《撒慕尔记下》11-12 章，讲述达味王与乌黎雅的妻子巴特舍巴通奸受孕，并施毒计害死乌黎雅将其妻子娶入王室，此事极大得罪达味所信靠的上主雅威，遂打发先知纳堂前去指责王借刀杀人，达味立刻认罪也接受了责罚——他与巴特舍巴所生的孩子病死。一切重新开始，悔改自新的人获得赦免和祝福——他们的第二个孩子是后来将以色列国带入鼎盛时期的撒罗满（所罗门）王。这首圣咏即是达味王

---

12 转引 Bishop ly《圣咏八大调式简介》http://www.ofmcn.org/liyi/liyi-quanwei2.htm

心灵痛悔的一篇佳作，诗文前半部充满悔恨之意恳求怜悯，并特别提到人在母腹之中即带出的罪恶，教会在传统中认为此节暗示原罪的道理。后半部分在切切求赦之后充满期望，开口颂扬感谢上主的恩典。

藏文圣歌-圣咏 51 篇"Miserere 主啊，怜悯我"

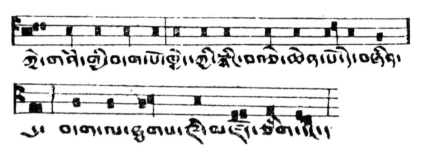

（谱例 7-45，藏文圣歌-圣咏 51 篇"Miserere 主啊，怜悯我"，第一段，谱本 p20-26）

藏文圣歌-圣咏 51 篇"Miserere 主啊，怜悯我"译谱

（谱例 7-46，藏文圣歌-圣咏 51 篇"Miserere 主啊，怜悯我"，第一段译谱）

笔者没有找到原拉丁曲谱，但其音乐正是素歌的圣咏吟唱调风格，旋律平缓起伏，充满黯淡忧伤的情感色彩。除了追思亡者日课、丧葬礼追思颂唱外，在纪念耶稣受难的四十天四旬封斋期也选用这首圣咏。

"Miserere 主啊，怜悯我"（译本一，汉文《圣教经课》）

赞颂经-题：残屈骸骨将舒跃于主

（第五十圣咏，又译达味圣王悔罪经/念圣盎博罗削赞主之日不念此圣咏）

天主依尔大仁慈*矜怜我。

且依尔哀矜之丰盛*涂予恶逆。

求愈洗我于吾逆*且洁我于吾罪。

盖我认己恶逆*而予罪对我常在。

我获罪独犯尔。及作恶于尔面前*已彰尔言之义。

且尔见判时必赢。

夫我受孕于恶逆*而母娠我于罪愆。

夫尔爱真*以尔智奥晦情已启牖我。

尔将洒我。以希所薄。我即洁*尔洗我。我即白过雪。

尔将以喜乐。赐我闻*而残屈骸骨将舒跃。

尔回容于我罪*而涂除我诸逆。

天主肇成洁心于我*而重赋正神于我肠。

勿撇我绝尔容*且尔圣神勿夺于我。

复赐我以尔救乐*且以崇神坚我。

我以后将尔道训逆党*而悖戾转归尔。

天主拯吾之天主。救我于血辜*而吾舌忻扬尔义。

主启我唇*而吾口将颂尔美。

盖尔若愿祭。我必已献*即烬尔弗之喜。

天主尚之祭。乃恸灵*心悔心谦。尔视之非轻。

主因尔良意。施恩于削*致柔撒冷城得建。

维时义祭献与烬。尔皆歆*维时众置犊上尔台。

主赐伊等永寂*而恒光照之。

诵和：残屈骸骨。将舒跃于主。

题：主俯听予祷。凡负躯者。将诣于尔。

　　古法对圣咏如何断句诵念，汉文《圣教经课》之《亡者日课经》注解：诵圣咏时，至花十字*处，众人稍歇，斩齐断声。至一边念完声绝，二边起念。诵经书时，不可乱歇，务必歇在小圈圈处。

"Miserere 主啊，怜悯我（译本二，吴经熊译）

　　圣咏卷二　第五十一首　忏悔吟之四自新

　　求主垂怜，示尔慈恩。

　　抹拭我过，昭尔大仁。

为我涤除，众罪之痕。我已知过，众恶纷呈。

得罪我主，神鉴实明。宜受尔责，宜伏尔惩。

嗟我小子！含罪而生。始孕母胎，自已染尘。

主实明察，所悦惟诚。祈将慧光，照我五阴。

洒以灵苋，澡雪吾魂。载洗载濯，玉洁冰清。

锡我天乐，枯骨回春。

莫视我罪，销我邪淫。

为我再造，纯白之心。充以正气，焕然一新。

自强不息，持之以恒。

莫掩慈颜，将我弃绝。莫令圣神，与我永隔。

求主重赐，内心之乐。永不退转，心悦诚服。

会当指示，迷途诸人。回心转意，归与主亲。

求我恩主，免我天折。有生之日，宣尔正直。

启我唇舌，歌咏大德。

燔牲祭献，非主所珍。

求主美意，怀柔熙雍。重筑城垣，保大瑟琳。

主于彼时，乃纳牺牲。公义之祭，惟主德馨。

圣坛之上，燔犊缤纷。

天主教徒吴经熊博士（1899-1986）是我国著名法学家，中西学造诣很高，一生哲学、法学、中英文著作颇多，在政治和法学界具影响力。20 世纪 40 年代应蒋中正之邀重译圣经《新约全集》和《圣咏译义初稿》，译文古香古色采用中国古体诗风，行文流畅优雅，被公认为是最美的圣咏（诗篇）译文，在翻译学界也颇得美誉，现天主教会仍有参考此译本。《圣咏译义初稿》封面由田耕莘主教题，序一"于总主教序"详细说明了本书的来龙去脉，序二"朱主教序"对古今公教圣咏之意义用途多有解析，并就此译本的美文做出评价。（详文见附录）

"Miserere 主啊，怜悯我（译本三，天主教思高版圣经）

第五十一篇　认罪忏悔认

（达味诗歌，交与乐官。作于纳堂先知前来指责他与巴特舍巴犯奸之后。）

天主，求你按照你的仁慈怜悯我，

依你丰厚的慈爱，消灭我的罪恶。

求你把我的过犯洗尽，求你把我的罪恶除净，

因为我认清了我的过犯，我的罪恶常在我的眼前。

我得罪了你，惟独得罪了你，因为我作了你视为恶的事；

因此，在你的判决上，显出你的公义，

在你的断案上，显出你的正直。

是的，我自出世便染上了罪恶，我的母亲在罪恶中怀孕了我。

你既然喜爱那出自内心的诚实，求在我心的深处教我认识智慧。

求你以牛膝草洒我，使我皎洁，求你洗涤我，使我比雪还要白。

求你赐我听见快慰和喜乐，使你粉碎的骨骸重新欢跃。

求你掩面别看我的罪过，求你除掉我的一切罪恶。

天主，求你给我再造一颗纯洁的心，求你使我心重获坚固的精神。

求你不要从你的面前把我抛弃，不要从我身上将你的圣神收回。

求你使我重获你救恩的喜乐，求你以慷慨的精神来扶持我。

我要给恶人教导你的道路，罪人们都要回头，向你奔赴。

天主，我的救主，求你免我血债，我的舌头必要歌颂你的慈爱。

我主，求你开启我的口唇，我要亲口宣扬你的光荣。

因为你既然不喜悦祭献，我献全燔祭，你也不喜欢。

天主，我的祭献就是这痛悔的精神，

天主，你不轻看痛悔和谦卑的赤心。

上主，求你以慈爱恩待熙雍，求你重修耶路撒冷城。

那时你必悦纳合法之祭，牺牲和全燔祭献；

那时，人们也必要把牛犊奉献于你的祭坛。

　　译本二虽古雅优美，但毕竟文辞艰涩更不利于歌唱，因此天主教思高版译本做了进一步调整，译本三通俗明了更能表达现代人的情感体会，是现今天主教会的通行用本。

三、圣咏 130 篇 "哀悼经/自深处"

　　NO8 圣咏 130 篇 "De Profundis 哀悼经/自深处" 是一篇 "登圣殿歌/升阶歌"（基督教译 "上行之诗"：意为登圣殿台阶时歌唱），也是忏悔圣咏之一。

诗文恳求上主垂听祷告，并申明主有恩典宽宥人之罪孽，并以盼望守候拯救仰望上主。

藏文圣歌-圣咏 130 篇 "De Profundis 哀悼经/自深处"

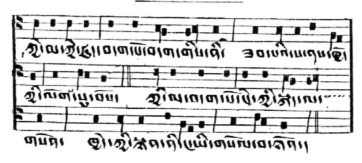

（谱例 7-47，藏文圣歌-圣咏 130 篇 "De Profundis 哀悼经/自深处"，前两段，谱本 p33-36）

笔者发现藏文圣歌-圣咏 130 篇 "De Profundis 哀悼经/自深处" 用了另外一首圣咏的曲调，见下例：

拉丁素歌-圣咏 50 篇 "Miserere 主啊，怜悯我"

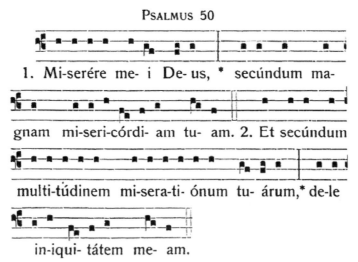

（谱例 7-48，拉丁素歌-圣咏 50 篇 "Miserere 主啊，怜悯我"，前两段）

拉丁素歌-圣咏 50 篇 "Miserere 主啊，怜悯我" 简谱译谱

（谱例 7-49，光启编译馆《简谱-圣歌荟萃》台湾，光启文化事业，民国 94 年，第 219 页）

对比谱例 7-47 和谱例 7-48、7-49 得知，藏文圣歌-圣咏 130 篇 "De Profundis 哀悼经/自深处" 套用原拉丁素歌-圣咏 51 篇 "Miserere 主啊，怜悯我" 的曲调。谱 8-49 译自拉丁素歌原曲，歌词是吴经熊的译本（参前文 "Miserere 主啊，怜悯我" 译本二部分）。

"De Profundis 哀悼经/自深处"（译本一，汉文《圣教经课》）

第一百二十九圣咏

主予自深幽吁号尔*主听允我声。

尔倾耳*注聆予求之音。

主若详察横逆*主畴克当乎。

主因慈悲在尔怀*且为尔规法。予侯望尔。

吾魂侯依厥言*吾魂望向主。

自晨更至夜*依腊尔须望主。

盖恻怜在主怀*盛犊亦在其怀。

且伊将赎依腊尔*于诸横逆。

主赐伊等永寂*而恒光照之。

诵和：主若详察横逆。主畸克当乎。

题：主勿忽尔掌之工。

"De Profundis 哀悼经/自深处"（译本二，吴经熊译）

第百三十首忏悔吟之六待旦

1 我自穷幽，吁主不休。

2 主其倾耳，俯听我求！

3 天下之人，谁无罪尤？主若深究，孰能无忧？

4 惟主宽仁，不绝自新。悠悠人世，可不尊亲？

5 我心遑遑，惟主是望。望主一言，慰我愁肠。

6 长夜漫漫，惟主是盼。盼主不至，坐以待旦。

7 我告义塞，望主莫怠。肫肫其仁，救恩似海。

8 谁赎尔罪，厥惟真宰。

"De Profundis 哀悼经/自深处"（译本三，天主教思高版圣经）

第一三〇篇　由深渊呼主吟　登圣殿歌

1 上主我由深渊向你呼号，

2 我主，求你俯听我的呼号，求你侧耳俯听我的哀祷！

3 上主，你若细察我的罪辜，我主！有谁还能站立得住？

4 可是，你以宽恕为怀，令人对你起敬起爱。

5 我仰赖上主，我灵期待他的圣言；

6 我灵等候我主，切于更夫的待旦，

7 请以色列仰赖上主，应切于更夫待旦，因为上主富于仁慈，
　他必定慷慨救援。

8 他必要拯救以色列人，脱离一切所有的罪根。

"Miserere 主啊，怜悯我–圣咏 51 篇"（拉丁圣经之圣咏 50 篇）和"De Profundis 哀悼经/自深处–圣咏 130 篇"（拉丁圣经之圣咏 129 篇）在《追思亡者日课》中使用，晨祷诵"Miserere 主啊，怜悯我"，晚祷诵"De Profundis 自深处"。两篇圣咏均用于追思礼仪、出殡送葬时诵念咏唱。

在天主教传统追思礼仪中，两篇圣咏均为主要经文。汉文《圣教经课》之《丧葬经文》注解：入殓前诵（尸已安妥即诵）——先诵圣咏 130 篇"De Profundis 哀悼经/自深处"，接诵圣咏 51 篇"Miserere 主啊，怜悯我"，又接念炼狱祷文与祝文，完毕各洒圣水。入殓时诵——先诵圣咏 51 篇"Miserere 主啊，怜悯我"，接诵圣咏 130 篇"De Profundis 哀悼经/自深处"，又接念"Dies irae 末日经/公审判词/震怒之日"，最后炼狱祷文与祝文，念经完毕再洒圣水抬尸入棺。出丧时要诵念圣咏 130 篇"De Profundis 哀悼经/自深处"和其它经文。抬棺到墓前时大众首先诵念圣咏 51 篇"Miserere 主啊，怜悯我"和其它经文，念毕洒圣水垒坟至丧葬礼毕。[13]（"Dies irae"见下文"继叙咏"内容）。

圣咏 130 篇"De Profundis 哀悼经/自深处"用于其它经课：《炼灵赞美经》第三台第一首、《亡者日课》最后一首（但若遇追思先亡日及死期葬期三朝首七满月周年诸日不诵此圣咏）。[14]《圣母小日课》"晚经"第二首圣咏，等等。

圣咏 51 篇"Miserere 主啊，怜悯我"还用于《亡者日课》之《赞颂经》第一首，等等。

第八节　Sequentia 继叙咏类

Sequentia 继叙咏确定出现的时间是公元 9 世纪，但实际年代会更早。其特征是音节式咏唱，即一个音节对一个音符，这是拉丁素歌最基本的特色。弥撒中，继叙咏接在"Alleluia"后歌唱，是一种拉丁文白话诗扩展的独立歌曲，旋律自由，曲式为"aa bb cc dd ee…"。[15]

历史上继叙咏有大量作品，自 16 世纪后，天主教会礼仪仅保留五首：复活节的"Victimae paschali laudes"，圣神降临节的"Veni Sancte Spiritus"，耶稣圣体圣血节的"Lauda Sion"，圣母七苦节的"Stabat Mater"和安魂弥撒的"Dies irae"，梵二会议（1962-1963）礼仪改革后仅保留复活节和圣神降临节的两首。藏文圣歌谱本的编纂是梵二会议之前的事情，因此收录两首继叙咏：NO7"Dies irae 末日经/公审判词/震怒之日"和 NO18"Stabat mater 圣母痛苦"。而现代天主教中文歌本中继叙咏"Dies irae 末日经/公审判词/震怒之日"已鲜见。

---

13 汉文《圣教经课》，第 530-534 页。

14 汉文《圣教经课》，第 521 页。

15 刘志明：《西洋音乐史与风格》台湾，大陆书店，民国 70 年，第 33 页。

一、末日经

"Dies irae 末日经/公审判词/震怒之日"用于经课：为亡者诵念之《炼灵赞美经》第二台第一首、《丧葬经文-入殓时诵》第三首、安魂弥撒第五首。

藏文圣歌"Dies irae 末日经/公审判词/震怒之日"

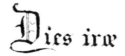

（谱例 7-50，藏文圣歌"Dies irae 末日经"，片段，谱本 p27-33）

拉丁素歌 "Dies irae 末日经/公审判词/震怒之日"

（谱例 7-51，拉丁素歌 "Dies irae 末日经"，片段）

谱例 7-50 和 7-51 显示，藏文圣歌完全译自拉丁素歌，原因可能是这首原词曲的知名度非常之高，因此不作改动。曲式为继叙咏最常用的 "a b c d e…"，调式第一多利亚 RE 调式，音节式素歌咏唱风格。

"Dies irae 末日经" 译谱

（谱例 7-52，"Dies irae 末日经"拉丁文，五线谱全曲译谱）

"Dies irae 末日经/公审判词/震怒之日"的歌词震撼人心，充满令人畏惧颤兢的言辞。诗文描述圣经全书最后一章《若望默示录》中提到的末日审判情形，特别能表达早期人们对死亡及末后世界的敬畏恐惧之情，人生最终了目的就是为了避免最终的审判而上天堂，因此一生的岁月以祈祷念经望弥撒等手段来补赎忏悔。历代作曲家藉此诗文大力渲染其刺激、恐怖、震撼之交响音乐效果，如柏辽兹的《幻想交响曲》，而拉丁素歌原曲平稳忧伤，每一句几乎落在相同的主音上，却也流传久远。

"Dies ira 公审判词"（译本一）

（炼灵赞美经第二台）

世界毁期。震怒日兮。达味媳壁。互相证之。
审判生死。将临之际。详讯德愿。颤栗至极。
号筒响逼。四方八极。墓内苍生。座前营集。
灵复原身。答主判讯。死与本性。不胜惊骇。
将启巨册。详细录列。普世善恶。各被断决。
判主下降。威坐位上。诸愿显然。无一逃遗。
吾子遗人。兹诉何呈。义士不稳。求谁保身。
威义主君。惠然救人。伏祈救吾。尔乃仁泉。
慈主耶稣。请怜念吾。为尔途故。末勿亡辜。
主昔觅我。疲倦歇坐。钉死救赎。毋负苦楚。
判主至公。福善祸凶。审判之先。乞施宥宏。
犯人嗟叹。羞愧满面。呻呼苦诉。祈主恕免。
因主昔恕。玛利亚妇。并允贼求。令予仰慕。
我祷不堪。独靠尔怜。祈主免吾。永被烧燃。
绵羊栈内。容予居位。别于山羊。置主右队。
既贬诃群。投猛火坑。招予偕善。共沾永祯。
予心伏地。心痛悚至。哀恳俯怜。顾予末际。

灰中犯群。将合原身。同赴审判。彼日惨深。

仰惟吾主。仁慈耶稣。宥众夙犯。锡伊安舒。亚孟。

"Dies ira 震怒之日"（译本二）

震怒之日　神奇号声　赫赫君王　求你垂怜　受判之徒　爱怜颂

戴维和希比拉作证；尘寰将在烈火中熔化，

那日子才是天主震怒之日，

审判者未来驾临时，一切都要详加盘问，

严格清算，我将如何战栗！

号角响彻四方，墓穴中的已死众生，

都将被逼走向主的台前。受造的都要复苏。

答复主的审讯，死亡和万象都要惊惶失措。

展开记录功过的簿册，

罪无巨细，无一或遗，举世人类都将据此裁判。

当审判者坐定后，一切隐秘都将暴露，无一罪行可逃遣罚。

可怜的我，那时将说什么呢？

义人不能安心自保，我还向谁去求庇护？

威严赫赫的君主，你救了你所预简的，

完全出于你白白的恩赐！仁慈的源泉，请你救我。

慈悲的耶稣，请你怀念，你曾为我降来人间，

到了那天，勿殄灭我。

你为觅我，受尽辛劳；又为救我，被钉死于十字架上。

但愿这些苦难，并不付诸东流。

报应的审判者是公正的，愿在清算的期限前，

恩赐宽恕我的罪愆。

我如囚犯，声声长叹，因我有罪，满面羞惭；

天主！恳求你，饶恕我吧！

你曾赦免了玛利亚-玛达雷娜，

你又怜恤了右盗，求你也给我一线希望。

我的祷告固不足取；但你是慈善的，

请你包涵，勿使我堕入永火。

请你使我侧身绵羊群内，使我能脱离山羊，

请将我列于你右翼之中。

你使该受指责的人羞惭无地，又将他们投入烈火，

请你招我，与应受祝福的人为伍。

我五体投地向你哀求，我痛心懊悔，

心如死灰。求你照顾我的生死关头。

这是可痛哭的日子，死人要从尘埃中复活，

罪人要被判处。然而天主啊！求你予以宽赦。

主！仁慈耶稣！求你赐他们以安息。阿门。

"Dies irae 末日经/公审判词/震怒之日"译本一文言旧式，四言经文，工整精炼，今日教会亦不常用。译本二是《安魂曲》"震怒之日"的歌词常用译本，并不与音乐旋律对整，全作参照之用，教会也不使用。

二、圣母痛苦词

NO18 "Stabat mater 圣母痛苦词" 是纪念玛利亚在十字架旁眼见耶稣钉死受难的情景，用于纪念耶稣受难的十四苦路敬礼和圣母痛苦敬礼中。十四苦路敬礼是纪念耶稣受难的"痛苦之路"（亦称"十字架之路"Via Dolorosa），是当年耶稣被判刑，从法庭背着十字架走到骷髅地山丘的刑场，直到被钉十字架的受苦路程。总长约 500 公尺，共有十四站，分别是：耶稣被判死刑、耶稣背十字架、耶稣第一次跌倒、耶稣途中遇母亲、西肋乃人西满帮耶稣背十字架、圣妇为耶稣拭面、耶稣第二次跌倒、耶稣劝告耶路撒冷的妇女、耶稣第三次跌倒、耶稣被人剥去衣服、耶稣被钉在十字架上、耶稣死在十字架上、耶稣尸体从十字架卸下、耶稣葬于坟墓。每年复活节前的圣周五全世界天主教会要举行拜苦路仪式，几乎每座天主教堂内的墙壁两边，都挂有十四处苦路的画像。笔者深入田野村寨考察时，证实无论多简陋的堂口内都有这些圣像画。教徒信众在做苦路善工时，每祈祷诵经一处苦路之后，必唱 "Stabat mater 圣母痛苦" 或其它圣歌。

早期教会通常在敬礼耶稣受难时，也纪念圣母的痛苦，教徒热心敬礼圣母是认为她必会把人们带到耶稣面前。1721 年教宗本笃八世制定"童贞玛利亚七苦节"，在苦难主日（圣枝主日）前的星期五庆祝，以示圣母痛苦与基督痛苦的关系，告诉人们关于圣母的一切都以耶稣为中心。1913 年移至 9 月 15 日

举行，1970 年易名为"痛苦圣母节"。教会传统上列举"圣母七苦"事件，传统经文是（1）闻西默盎预言吾主受难之状，圣母一苦。（2）黑落德心生恶计谋弑吾主，圣母二苦。（3）京都瞻礼，行归在路，不复见主，圣母三苦。（4）主负十字，重压跌仆，苦街相遇，圣母四苦。（5）见举圣架，通体全伤，七言而终，圣母五苦。（6）吾主圣躯，二圣取下，白布敬殓，圣母六苦。（7）圣身已葬，石板盖墓，忧闷回府，圣母七苦。[16] "Stabat mater 圣母痛苦"是痛苦圣母节的主题圣歌。

藏文圣歌"Stabat mater 圣母痛苦"

（谱例 7-53，藏文圣歌 Stabat mater 圣母痛苦，第一段，谱本 p63-68）

拉丁素歌"Stabat mater 圣母痛苦"

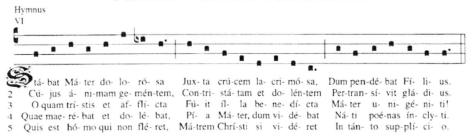

（谱例 7-54，拉丁素歌 Stabat mater 圣母痛苦，前五段）

---

16 内容详见邓继强《圣母庆节及其神学》上海：天主教上海教区光启社，1998 年，第 149-168 页。

对比谱例 7-53 与 7-54 发现，两首圣母痛苦的曲调完全相同，但藏文谱"Si"音无降号，这是手抄本的错误之处，这是为避免 Fa 音到 Si 音的增四度不和谐音程，也是拉丁素歌纽姆谱中唯一的变化音。此曲共 20 段，采用第 6 副利第亚变 Fa 调式，风格为使人虔敬。

"Stabat mater 圣母痛苦"译谱

（谱例 7-55， Stabat mater 圣母痛苦，译谱）

"Stabat mater 圣母痛苦"全曲总共三句，音符数量为 8-8-7，相同于拉丁文的音节数，因此音符反映了歌词的结构，属于典型的音节式素歌，汉文的传统译本严格遵守这一规律。歌曲采用两队轮流应答对唱的方式，歌词根据圣经《若望福音》19 章 25-27 节引申创作：

> 在耶稣的十字架旁，站着他的母亲和他母亲的姊妹，还有克罗帕的妻子玛利亚和玛利亚玛达肋纳。耶稣看见母亲，又看见他所爱的门徒站在旁边，就对母亲说："女人，看，你的儿子！"然后又对那门徒说："看，你的母亲！"就从那时起，那门徒把她接到自己家里。

NO18 "Stabat mater 圣母痛苦"（译本一）

（领）1 圣子高悬十字架上，慈母凄悲危立其傍，举目仰视泪流长。

（众）2 其灵其神忧闷长吟，心中悲伤何如其深，真如利刃刺透心。

（领）3 独子之母殊福之女，忧闷痛楚谁堪比汝，呜呼哀哉不能语。

（众）4 荣光之子如是痛创，仁慈主母见之凄怆，悠哉悠哉痛久长。

（领）5 耶稣基督可爱之母，如是惨伤居之幽谷，使能见之不同哭。

（众）6 圣母在旁仰瞻耶稣，母子心连同伤同忧，谁能见之不同愁。

（领）7 为救其民愿舍己身，见子耶稣受尽艰辛，被罚重鞭痛欲昏。

（众）8 见其爱子为人所弃，发声长叹断送其气，为之娘者痛出涕。

（领）9 吁嗟母兮热爱之泉，赐我觉得痛苦无边，偕尔同悼泪涟涟。

（众）10 赐我心中热爱炎炎，爱主耶稣披示心肝，悦乐天主至尊颜。

（领）11 至圣母兮求赐忠枕，将主五伤深刻吾心，终身宝之爱且钦。

（众）12 尔子耶稣为我福源，为我受苦我心难安，愿分其苦我心欢。

（领）13 赏我一生与尔同悲，尔子被钉救我于危，同苦同忧永不谖。

（众）14 愿偕我母侍立架旁，分受忧苦合尔同伤，哀鸣悲痛泪成行。

（领）15 童贞圣母女中淑媛，勿常忧痛勿自伤残，今我与尔泪潸潸。

（众）16 赏我偕主同患同忧，负其死痛分其苦愁，念念在心永无休。

（领）17 吾主受苦使我断肠，求主苦架放我肩膀，圣子宝血使我尝。

（众）18 日后审判我甚凛然，童贞圣母慈爱无边，救免永狱火中煎。

（领）19 耶稣基督于我死后，令尔慈母为我转求，得胜归天戴冕旒。

（众）20 临终之时吉凶攸关，赏我灵魂得升于天，享主荣福亿万年。

NO18 "Stabat mater 圣母悼歌"（译本二）

（领）1 圣母痛苦侍立，含泪十字架旁，当圣子高高悬起时。

（众）2 她心灵长叹，郁闷伤痛，被利刃所刺穿。

（领）3 多么愁苦悲伤，那当受赞扬者，独生圣子的母亲！

（众）4 凄楚感伤，慈母仰视，荣耀之子受难时。

（领）5 谁能不一起痛哭，看到基督之母，忍受这般痛苦？

（众）6 谁能不满怀愁苦，瞻仰基督之母，与其子同忧共苦？

（领）7 为了他子民的罪辜，仰视耶稣受尽苦辱，鞭痕累累无完肤。

（众）8 眼见自己亲爱生子，孤苦伶仃与世长辞，救主耶稣咽气时。

（领）9 慈母仁爱源泉，你使我感受凄楚，我同你一起哀哭。

（众）10 我内心燃起爱火，敬爱基督天主，一生对主取悦。

（领）11 恳求圣母广施慈恩，将圣子的伤痕，铭刻在我心。

（众）12 将你受伤之子，为我罪人所受苦难，分我一份共承担。

（领）13 让我同你一齐痛哭，并与耶稣共分凄苦，在我有生岁月里。

（众）14 与你共同侍立十字架，让我站立你身旁，这是我含泪的期望。

（领）15 童贞女中最卓越者，我的心愿请勿拒绝，使我同你一起痛哭。

（众）16 教我担负基督之死，做他苦难中的伴侣，所受创伤永牢记。

（领）17 使我感受他的伤痛，拜倒在他的十字架下，感受圣子的酷刑。

（众）18 免我被火焚身，赐我蒙受慈母恩护，在我接受审判的日子。

（领）19 基督，当我离开尘世，赐我慰藉圣母恩赐，到达胜利境地。

（众）20 在我肉体亡故之日，使我灵魂蒙受恩惠，天堂的光荣。

译本一文风古雅，每节字数为 8-8-7 同拉丁文音节及音符数，是严格对照原曲谱的翻译。，但已不是继叙咏的曲式 "aa bb cc dd ee…"，而采用 Hymus 颂歌/赞美诗的形式-每段唱同一曲调，在唱法上简单易学。译本二通俗口语，是拉丁文逐字句翻译的结果。拉丁素歌的中文译本传统上用译本一，译本二是参考翻译，多用于西方作曲家相关的宗教作品。"Stabat mater 圣母痛苦"的内容受人喜爱，是历代作曲家谱曲最多的一首继叙咏，如 16 世纪帕勒斯特里那创作的八声部同名曲、18 世纪佩格莱西为两个女声独唱、合唱、弦乐和管风琴谱写的同名曲、古典乐派和浪漫乐派及现代的著名作曲家均创作过经典的同名曲。

第九节　Canticum 雅颂/大颂歌类

Canticum 雅颂/大颂歌类是历代作曲家频繁谱写的体裁和信徒们最常颂唱的诗歌类型，圣经新约四福音书第三卷之《路加福音》中共有四首雅颂/大颂歌：尊主颂（Magnificat，路 1：46 – 55）匝加利亚颂（Benedictus，路 1：67 – 79）、荣归主颂（Goria，路 2：14）和西默盎颂（Nunc Dimitti，路 2：28 – 32）。大颂歌的名称是相对于旧约的八首小颂歌而言，尊主颂、匝加利亚颂和西默盎颂用于中世纪日课礼仪中不同的祈祷时间，荣归主颂用于弥撒礼仪中常规弥撒曲《荣耀经》。

藏文圣歌收录 Canticum 雅颂/大颂歌类一首 NO14 "Magnificat 谢主曲/尊主颂/圣母赞歌/圣母赞主曲"，因首句"我的灵魂颂扬上主"（拉丁文 Magnificat）得名，亦称圣母颂歌/圣母尊主颂/玛利亚之歌，等等，与旧约《撒慕尔记上》2 章 1-10 节亚纳的颂谢诗类似。经文描写了玛利亚从圣灵怀孕后访问她的表姐依撒伯尔时，依撒伯尔受感动为她做祝福之歌，玛利亚对此的回应经文就是被后人称为"Magnificat "的诗歌。

全篇除头尾两句，从第二节开始全部引用旧约中的经文：47 节"我的心神欢跃于天主，我的救主"引用《依撒意亚》61 章 10 节，48 节"因为他垂顾了他婢女的卑微，今后万世万代都要称我有福"引用《撒慕尔记上》1 章 11 节，49 节"因全能者在我身上行了大事，他的名字是圣的"引用《圣咏集》126 章 3 节，50 节"他的仁慈世世代代于无穷世，赐于敬畏他的人"引用《圣咏集》103 章 17 节，51 节"他伸出了手臂施展大能，驱散那些心高气傲的人"

引用《圣咏集》89 章 10 节，52 节"他从高座上推下权势者，却举扬了卑微贫困的人"引用《乔布传》5 章 11 节，53 节"他曾使饥饿者饱飨美物，反使那富有者空手而去"引用《圣咏集》107 章 9 节，54 节"他曾回忆起自己的仁慈，扶助了他的仆人以色列"引用《圣咏集》98 章 3 节。

　　"Magnificat"用于日课经中的晚祷结束部分，属于正式礼仪歌曲的范围，也用于修女发愿和青年献身礼仪中。全曲颂唱玛利亚的喜悦，表达对上主赐福的感恩和一天救恩的回应。天主教仪式中用拉丁素歌演唱，英国圣公会用安立甘圣咏颂唱，不过仍有大量为之配乐的教堂和音乐会作品。路德宗新教徒巴赫谱写的两首很著名，归类于他为数不多之天主教拉丁文歌词的乐曲。巴赫 1723 年谱写的作品 BWV243a 里另有添加四首赞美诗，至 1732 年创作的 BWV243 "Magnificat"是根据前一首改编，将原先增加的四首诗歌摘除。

藏文圣歌"Magnificat 谢主曲/尊主颂/圣母赞歌/圣母赞主曲"

（谱例 7-56，藏文圣歌"Magnificat"，全曲，词片段，谱本 p56-59）

藏文圣歌"Magnificat 谢主曲/尊主颂/圣母赞歌/圣母赞主曲"译谱

（谱例 7-57，藏文圣歌"Magnificat"，全曲译谱）

　　教会音乐家李振邦特别提到这首圣歌不同于一般圣咏曲的形式和相同于其它圣咏曲的唱法：

　　　　[圣母赞主曲]在日课中既占有相当重要的位置，习惯上常是用比较隆重的唱法来歌唱的，每次都要出现[开始音型]（起式），不能像一般圣咏一样作[平起]的开始，只第一节才有起式了；因此就成了以下较复杂的形式：

　　　　[圣母赞主曲]的圣咏形式：

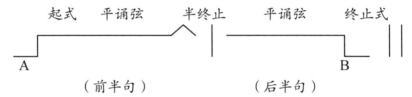

　　　　　　　（前半句）　　　　　　　　　（后半句）

　　此外，[圣母赞主曲]也和其它圣咏曲一样，每篇前后都有一个[引经]或[引曲]（Antiphona）的护从，好像是歌曲正体的前导和尾声；[引曲]的调式和气氛与[圣母赞主曲]必须完全一致，以求首尾连接上的通顺流畅，[引曲]的歌词却是随着庆日季节变化的。正体次序如下：

　　　　　　A　　　　　　　B　　　　　　　A
　　　　引　曲　→　　　圣母赞主曲　→　　　引　曲[17]

　　将谱例 7-56、57 套入引文中[圣母赞主曲]的圣咏形式，我们发现十分吻合，即使没有找到这首藏文圣歌的曲谱源头，也能断定这就是一首拉丁素歌。

　　"Magnificat *圣母歌*"（译本一）

　　　　我灵感颂我主，我神无仁欣愉于救我者。
　　　　缘其垂顾婢子之微，后人亦将于我乎赞颂矣。
　　　　夫全能者，大展厥德于我，锡以异恩，用彰圣名。
　　　　仁慈无量，将沿世世于诸敬畏之者。
　　　　以厥臂神力，显大能，麾彼骄盈。
　　　　黜彼尊者于高位，而陟举夫谦逊者。
　　　　饥虚以福实之，饫满以倾弃之。
　　　　且不忘大慈，赐以其子。
　　　　以践所许于我祖亚巴郎及亚巴郎后，世世之子孙者。

---

17 李振邦《教会音乐》台北，世界文物出版社，2002 年，第 140 页。

"Magnificat 贞母赞天主歌"（译本二）

吾魂*现今弘主兮。而我心已踊*于救吾之天主兮。

盖已眷顾厥婢之卑*由世兹后万代将称予为福者兮。

缘大施予全能者*圣哉名兮。

且其仁慈。直至时代*及畏之者兮。

使厥臂能*败散傲辈。心谋之计兮。

黜尊*权者离高位*而举卑贱者兮。

饥馁者充之以诸详*而富厚者弃为空乏兮。

因念已慈*已援厥役。依腊尔兮。

如昔示谕。与吾祖父亚巴郎*暨厥苗裔。至诸世兮。

"Magnificat 谢主曲/尊主颂/圣母赞歌/圣母赞主曲"（译本三）

我的灵魂颂扬上主，

我的心神欢跃于天主，我的救主，

因为他垂顾了他婢女的卑微，今后万世万代都要称我有福；

因全能者在我身上行了大事，他的名字是圣的，

他的仁慈世世代代于无穷世，赐于敬畏他的人。

他伸出了手臂施展大能，驱散那些心高气傲的人。

他从高座上推下权势者，却举扬了卑微贫困的人。

他曾使饥饿者饱飨美物，反使那富有者空手而去。

他曾回忆起自己的仁慈，扶助了他的仆人以色列，

正如他向我们的祖先所说过的恩许，施恩于亚巴郎和他的子孙，

直到永远。

　　译本一是利类思译《圣母小日课》第 13-14 页《申正经》第二首圣歌，译本二是汉文《圣教经课》第 473 页《亡者日课》之暮课，译本三是圣经《路加福音》第 1 章 46 至 55 节译文。译本一和二都是文言旧式，后者的语言多雷同与前者，诗歌语气增强并有文字上的添加改动，可以看出两译本之间的传承脉络关系。译本三是今日天主教会的常用本。

第十节　其它类

藏文圣歌 NO16 "Misèricordieuse mère-invocation ordinaire" 为法语单词，意为"慈悲的圣母"，副标题大意为"常日祈祷"。由于数据所限，无法找到这首圣歌的任何相关内容，因此划分为其它类别。藏族教徒告诉笔者，此歌唱于丧葬仪式的追思礼中，每次教内的亲人或弟兄姐妹去世一定会唱这首"慈悲的圣母"。

藏文圣歌"Misèricordieuse mere 慈悲的圣母"

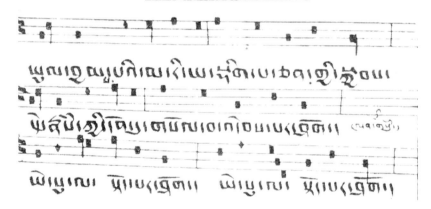

（谱例 7- 58，藏文圣歌 Misèricordieuse mère 慈悲的圣母，全曲，谱本 p61 ）

藏文圣歌"Misèricordieuse mere 慈悲的圣母"译谱

（谱例 7- 59，藏文圣歌 Misèricordieuse mère 慈悲的圣母，全曲译谱）

这首圣歌全曲仅四个音符，五声羽调式风格，旋律哀怨优美，是全集中又一首具有本土风格的歌曲。肖老师将歌词大意翻译为：圣母玛利亚你是罪人之托，请你为我们祈祷。耶稣我们赞美你。歌曲副标题"常日祈祷"也提示我们，它的用途不仅限于追思礼，译文显示这是一首悔罪转求的祷词。天主教认为圣母玛利亚是耶稣和罪人之间的中保，因此教徒多向这位仁慈良善的母亲转求以达心愿，在临终时更加特别祈求。祷文配上旋律透露出淡意的忧伤之情，听起来凄美委婉。

第十一节　谱本之外的圣歌

除谱本刊印的歌谱外，贡山地区的教徒之间流传有藏文圣歌歌词和祈祷经文的手抄本，笔者在其中发现另有几首传唱的藏文圣歌。但人们并不明白手抄本的内容，多年养成的习惯使他们知道什么时候唱什么歌念哪一种经就翻到那一页。多位老教徒回忆，这些圣歌少则 2 首多则 4 首，精确数目不太清楚。目前共搜集到 2 首分别为：圣体降福歌和耶稣圣体歌，藏族教徒已将这些歌曲演绎得本地味十足，我们无法知道原曲的旋律，以下是这两首歌的记谱：

耶稣圣体歌

云南贡山县迪麻洛村才当组演唱
孙晨荟记谱

（谱例 7-60，藏文圣歌"圣体降福歌"）

圣体降福歌

云南贡山县茨开天主堂演唱 孙晨荟记谱

（谱例 7-61，藏文圣歌"耶稣圣体歌"）

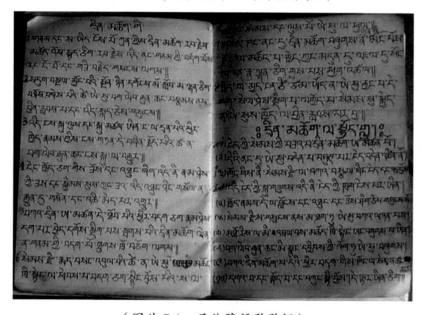

（图片 7-1：圣体降福歌歌词）

推按 7-1 左至右上部是圣体降福歌的歌词，右下部是耶稣圣体歌的歌词，这种藏文手抄体不同于 1894 年出版藏文圣歌谱本中的手抄体，前者是藏文大楷体，后者是康定地区流传的藏文小楷体。贡山当地学过一些藏文的老教徒只能部分识别这种大楷体藏文，虽然他们一些人手中都有藏文圣歌谱本，实际上并不能看懂。这种大楷体手抄本的出现，归功于贡山县天主教两会会长已过世的父亲，他在解放前曾任贡山县政协副主席和教堂里的藏文老师，藏文大楷体手抄本最初就是他从刊印的藏文圣歌谱本和藏文圣教经课中翻译手抄，并推广于当地教徒。

本章小结

　　经过上述分析整理，由语言和曲谱造成藏文圣歌谱本的障碍已完全解除：22 首圣歌中，词曲完全译自相同拉丁素歌的有 7 首，拉丁原词套用另一首拉丁素歌旋律的有 4 首，接近拉丁素歌音乐风格的有 5 首，接近中国音乐风格的有 3 首，不能确定音乐风格的有 3 首。其中，由于数据有限无法比对，6 首接近拉丁素歌音乐风格、3 首接近中国音乐风格和 3 首不能确定音乐风格的圣歌，都不能下定论究竟是不是传统拉丁素歌。但全集近 50%的内容已经证实其源头，仅有 3 首不到 1/7 的内容类似中国或藏族音乐风格。藉此也化解了笔者心中的疑惑：如果此谱本是藏族音乐风格的圣歌，几位法国传教士很难在短短几十年危机生命的恶劣环境下，既学会天书般的藏文、艰涩无比的汉文以及滇川藏地区的方言土语，又搜集当地民歌从拉丁文、法文进行翻译创作编纂圣歌集？除此之外，他们还翻译数本天主教的经课要理甚至参与编写《藏文拉丁文法文词典》等诸如此类的活动，还不包括平日的传教活动，这种工作量的强度和难度是常人难以接受的，并有坚强的毅力和精神信仰的支持才能完成。因此当藏文圣歌谱本被笔者一一理清之后，才觉得这种情形尚可接受，毕竟原样翻译已是不易，更何况是搜集创作。

　　此珍贵的谱本仅在滇藏川遗留的藏区天主教会中存有余本，没有书的教徒早已把它存入心中成为家族群体信仰的精神载体，当这些歌声飘荡在 4 千多米海拔的雪山之上，穿越过变化翻腾的怒江水面，落在一座座残旧衰败却如贵族般华美傲气的百年教堂中，你便能感受到精神家园的回归力量。

第八章 结 论

第一节 文化交流的方法论

比利时汉学家暨历史研究学家钟鸣旦的著作《礼仪的交织-明末清初中欧文化交流中的丧葬礼》（以下简称钟著），对本书结论起到关键性的影响及参考作用。该书导言说明："'史学家John Van Engen指出：宏观衡量基督宗教文化的真正标尺，应该是看时间、空间以及礼仪习俗，从基督宗教礼仪年度的角度被定义和领会的程度。'当进入到一种异俗盛行的新文化环境中时，基督宗教的礼仪规范在多大程度上能得以坚持，对这一问题的研究还很少。"

本书是通过历史文本和实地了解等手段，进行滇藏川地区天主教仪式与音乐在历史中的状态考察与在现实中的情境调研，论述的核心是探讨异质文化本土化的相关内容。该地区的历史境况主要是藏族文化与欧洲文化的相撞，经过一段停滞期之后的现实景况是藏族文化与汉族文化的磨合，在国家遭遇和国家制度的大背景影响之下，存留住面貌迥异的本土文化产物-藏民族的天主教信仰。滇藏川交界地区的天主教仪式与音乐多大程度上存留欧洲原样、多大程度上融入民俗因素以及多大程度上构建本土新貌，其历史价值和文化表征又能得到多少认同，均是本书探讨的本土化问题之种种。

钟著将明末清初中欧文化交流中的丧葬礼称为礼仪的交织并喻为织布，这是一个十分合宜的模拟，它能清晰地分析文化现象。本书参考这一结论，在书中叙述将历史数据和实地考察内容结合起来，分析天主教仪式及音乐在藏区本土化之现象喻为经纬线，由于不是纯粹的历史研究且以现实调研为主，平面的织布难以凸显时空立体的痕迹，因此本土化的现象被笔者称之为时空中经纬线的交织。

经线是鲜活的社会现场，它表现于当下却无不透露出历史的痕迹。本书第三章教会礼仪、第四章人生礼仪以及第五章教堂外的歌舞，是实地考察所展现出的今日滇藏川交界地区天主教群体的生活方式，它们构成本书的经线。纬线是恒定的文本记录，它存在于历史却被当下的人群沿用至今。本书第六章及第七章对音乐文本的叙述和剖析，是历史和现实中相对不能发生变化的实录，它们构成本书的纬线。由活动和文本、历史和现实构成一个立体的时空延续，按当下流行话语称为"四维空间"，展现仪式及音乐风貌的经纬线在时空之中交织，构成当下天主教在滇藏川地区的本土化模式。结论将从多学科的领域进行探讨，在论述之前首先阐述主要参考之历史研究的方法论。

一、文化相遇论述

剖析天主教仪式与音乐在滇藏川交界地区传播、生存与发展的进程，需梳理其反映出外来文化汇入本土文化中改造整合的种种问题现象。其时间经历了清末-民国-新中国-当代时期，其空间经历了欧洲-中国-藏区几大地域，其文化经历了意大利及法国天主教-中国汉族-中国藏族几种不同类型文化的碰撞融合过程，因此文化相遇的方法论对指引本书的结论至关重要。

有关文化相遇的方法论，钟鸣旦在《文化相遇的方法论：以17世纪中欧文化相遇为例》文中，以他者哲学为出发点探讨了明清时期中欧文化交流的四种不同框架类型。

> ……前三个研究框架已经在不同程度上得到应用，而第四个研究框架则更多停留在理论思考的阶段……第一种框架或许可称之为"传播类框架"……这一框架的主要焦点在于传播者的角色，导引该时期历史学家的主要问题是"传教士是如何在中国传播基督教或者西方科学的？"……传播框架的主要原则是"相等"理想：传播与接受到的信息相等；接受到信息之精要与原信息相等；观察者的正确理解与接受者相同……第二种框架可称之为"接受类框架"……研究的中心，不再是作为传播者的传教士，而转为作为接受者的中国人。……接受类框架的研容以中国接受者撰写的中文文本为起点，中国人被认为是这些文本的唯一作者。

"创新类框架"或"建构类框架"是新近从后殖民和文化研究中产生出来的……这一框架的长处是对主体的关注……创新类框架提供了全新的方法解决传播类框架和接受类框架提出的问题……"互动交流类框架"的理论反思和应用迄今为止还是新颖的……互动与交流类框架的结果是视角的转换。扼要表示如下：

行动/反应→互动

传播/接受→交流

建构形象→创造新空间

阪依→会话

主体/客体→参与者

翻译→合译

相等性→内在一致性

自我/他者→交流与相遇[1]

第一种"传播类框架"方法，应用到本书中提出的问题是"欧洲传教士如何将天主教仪式与音乐传输到藏区？"[2]，关于这一点，由于历史原因目前可以参考的数据很少。在本书第三章第三节"历史中滇藏川交界地区的天主教礼仪"、第六章第一节"历史中的歌舞记载"以及第七章第一节"拉丁圣歌谱本"这三处提及该问题的相关内容，存留下来的拉丁圣歌文本提示人们，天主教音乐是如何原封不动地照搬输入，但历史中的歌舞以及历史中滇藏川交界地区的天主教礼仪存留下来的相关资料告诉人们，传播的现实情况反映在传入之初礼仪本身如何被调整改造的。而这一点涉及的是第二类"接受类框架"方法，应用到本书中提出的问题是"对于欧洲天主教仪式与音乐的传入，藏族人是否有积极或消极的反应？"[3]关于这一点，我们暂无文献数据得知人们真正的反应，但可以从现在的实地调研中或多或少分析出，在传输过程中对于相对来说的被动接受者，藏族人即便具有消极的反应，实质上他们仍然是积极参与和推动者，这一点从他们入教的身份便可以得知，孤儿、流

1　【比利时】钟鸣旦《文化相遇的方法论：以 17 世纪中欧文化相遇为例》清史研究，2006 年第 4 期。

2　参【比利时】钟鸣旦《礼仪的交织-明末清初中欧文化的丧葬礼》上海古籍出版社，2009 年，第 227 页。

3　参【比利时】钟鸣旦《礼仪的交织-明末清初中欧文化的丧葬礼》上海古籍出版社，2009 年，第 229 页。

浪汉、病人等社会最底层人群曾经是藏族天主教徒的主要构成因素，他（她）们受益这于完全迥异的异域宗教，在几乎完全接受外来文化的同时，在融入变化的过程中即在大环境的背景前提下，这群身份特殊的人扮演主动角色。第三类方法"创新类或构建类框架"关注欧洲人强加的力量，[4]应用到本书所展示的问题是，欧洲传教士是如何运用自己的思维模式及文化评判来衡量藏族人的信仰类型和生活方式？从仪式和音乐的角度切入，我们发现虽然没有文献参考，但目前流传下来的零星数据和现存的模式证明，对于藏族地区来说，欧洲传教士对藏族文化的妥协程度明显更多。虽然仪式和音乐都是欧洲的，但对于他们可以允许改变和调整的内容范畴上的让步非常明显，历史证明藏族人显然对外来强行加入者及他们所带来的一切并不欢迎，进入藏区传教耗费的人力物力和今天现存成果构成的严重失调比例就是证据。第四类"互动与交流类框架"方法，在综合前几个框架的基础上以社会文化内容为中心，关注传播与接收者双方互动交流的联系，今天藏族天主教群体的身份正是建立在这样一个基础之上，由于文化碰撞-交流-整合之后重新组构的一个"特殊"角色。"在某种程度上，他们扮演了文化'中介者'的角色，因为他们在两种文化'之间'活动，既同时属于两种文化，又不属于其中的任何一种。"[5]第四类框架方法是钟着中试图探讨研究的，本书得益于此类观点的理论指导，并认为其对于研究天主教文化在中国本土化的方法论上具有明晰的指标提示作用。

二、文化整合论述

不同文化碰撞之后如何重新自我构建产生新貌，从文化机制本身的角度切入，另一类可借鉴的文化交流方法论是"文化整合论"。[6]

不同文化整合的特质是物质→制度→精神的整合维向，从其文化的内在机制、解析机制、协调机制、扩张机制等数个角度多面切入审视文化整合问题，机制一词可解释为有机体的构造、功能及其相互关系，应用至文化层面可探究其构成要素之间相互联系和作用的关系及其功能。文化整合的内在基

---

4 参【比利时】钟鸣旦《礼仪的交织-明末清初中欧文化的丧葬礼》上海古籍出版社，2009 年，第 231 页。

5 【比利时】钟鸣旦《礼仪的交织-明末清初中欧文化的丧葬礼》上海古籍出版社，2009 年，第 235 页。

6 胡启勇《文化整合论》贵州民族学院学报，2002 年第 1 期。

础：民族精神、价值取向和思维方式是衡量异质文化交流的内因，应用于本书内容中，即说明历史中天主教进入藏区留下今天人们所看到滇藏川地区的天主教信仰群体，从文化角度解析是在上述三个方面达成一定认同程度的结果。引文概括文化整合的方式大致有增添、替代、创新、消融、融合等几种方式，实质上对文化交流来说最常见的现象是这些方式会同时出现。钟着中的结论提到织布的比喻，其详述每一文化现象的细节是如何类似每根纺线变化出现在一张织布上，而上述几种方式是同时体现于同一文化现象中，本书的内容亦是如此。

第二节　经线-仪式中的音乐

一、圣俗世界的分别-教会礼仪

通过第四章"仪式与音乐-教会礼仪篇"的通篇记录可梳理出第一根经线的轨迹，从三个方面入手：仪式中程序的调整、仪式中音乐的变化、仪式的本土特点，其经历的时间为清末至 1950 年代→1950 至 1980 年代→1980 年代至现在，这里用表格列举。

时　　间	仪式中程序的调整	仪式中音乐的变化	仪式的本土特点
第一阶段： 清末至 1950 年代 ① 1846 至 1890 年代 ② 1890 至 1950 年代	拉丁文仪式 藏文祈祷词	藏文圣歌-普通教徒 拉丁圣歌-神职人员	藏文祈祷词 藏文圣歌
第二阶段： 1950 至 1980 年代	销匿	销匿	销匿
第三阶段： 1980 年代至现在	汉文仪式 汉文祈祷词 藏文祈祷词（少量）	汉文圣歌-全体人员 藏文圣歌-普通教徒	汉文圣歌 汉文祈祷词 藏文圣歌（少量） 藏文祈祷词（少量）

表格所体现的似乎仅是拉丁文-藏-汉文之间语言或文字的变化，但仔细究察便知内里繁复并非如此简单。

1. 历史研究领域的探讨

第一阶段清末至 1950 年代，其中 1846 至 1890 年代是西藏教区初建至天主教藏文经本初译时期，1890 年至 1950 年代是教区发展时期。它的中国大背景是内忧外患、主权丧失、

战乱连绵以及天主教在中国本地化运动时期。它的世界大背景是欧美国家殖民扩张、二次世界大战以及天主教礼仪改革运动酝酿时期。

当西藏教区初建时，巴黎外方传教会已经在四川等地成功传教多年，但对藏人的努力更艰于汉人。在可允许范围内，教会首要任务是将天主教祈祷经书和拉丁圣歌翻译成藏文并出版使用。1846 至 1890 年代，传教士们致力于学习熟悉藏语，并用藏文翻译经本和编纂经歌。1890 至 1950 年代是藏文祈祷经书出版的丰收时期，笔者看到存留下来的各种版本经书绝大部分出自这一时间的香港纳匝肋静院印刷厂的产品，出版高峰期是 20 世纪初至 20 世纪 30 年代，这正是中国天主教本地化运动时期。部分藏文圣经出自康定教区的印刷厂以及手写本（这些圣经并不是全本，仅是摘录书章），唯独一本藏文圣歌由法国出版。第二阶段 1950 至 1980 年代属宗教消匿期，所有状态保持原有传统转入秘密或地下。第三阶段 1980 年代至现在，宗教信仰恢复之后遵循全国统一的中文仪式程序，这是拉丁仪式的全球简化本土版，礼仪用书和圣歌均是中文，很多几十年内本地创作的圣歌内收录书中，或已将拉丁圣歌翻成中文。

这百年的仪式程序，最初保留欧洲天主教礼仪传统，外国神父[7]在祭台上做无人能懂的拉丁弥撒，教徒们在座椅上用藏语方言念对应的"弥撒规程"经课。[8] 晨念早课、夜念晚课、主日二堂玫瑰经等这些传统在今日三地的天主教会中基本保留下来，其中四川康区均用汉语，滇藏地区均用藏语，没有神父驻堂的教会基本沿袭这一传统，有些地方农忙时期或地方会长疏于管理，这些经课诵念则慢慢停顿或取消。滇藏地区除茨中天主堂外，主日均没有弥撒但遵循正统汉文仪式程序，四川康区的部分教会仍保留主日念经的解放前习俗并无仪式程序。整个仪式程序的变化总结起来如下：传统拉丁文弥撒（神职人员）对应藏语或汉语弥撒规程祈祷词（普通教徒）→消匿或转入秘密状

7　也有极少数的中国神父

8　在四川及中国其它地区则用汉语诵念，这一传统保留在如今仍有拉丁弥撒的地方，如北京南堂每日早六点的拉丁弥撒。

态→汉文弥撒程序/汉语主日经课/穿插藏文祈祷词和藏文圣歌的汉文主日礼仪程序。在藏语地区的教会，保留着应用于解放前拉丁文弥撒中头尾亦或中间处的藏文经课（祈祷词）和藏文圣歌，而仪式的主体已经和所有华语地区的天主教完全统一。在弥撒开始前和结束后念经课是流传已久的传统，现在中国的很多汉语教会仍然可以见到，然而在大中城市里，越来越繁忙的人们进教堂祈祷念经的时间也越来越少且固定繁复的经文诵念并不吸引年轻人，很多教堂在主日取消经课诵念直接举行弥撒仪式，不少地方一个周日上午举行三台弥撒，这种状况在解放前的教会乃至现今很多乡村教会都难以想象。

在藏区最初的教会生活中，各种礼仪形式如朝拜圣体、圣体游行、主保圣像游行也是常有，这种现象多出现在四川康区，而滇藏地区的教会相对较少。[9]康区是滇藏川交界地区教会的主教座堂所在地，相关活动繁多又隆重自然可以理解。在实地调研中得知，每年 5、6 月份的圣体游行非常隆重并在多地举行。各教堂的主保瞻礼是相对简单些的庆祝，在很多地方一直延续至今，但以上这些仪式在藏地并没有流传。

2. 民族音乐学范畴之仪式音乐研究领域的探讨

民族音乐学吸取多门学科理论经验，在其范畴内仪式音乐理论研究的当代代表曹本冶总结之理论与方法的基本图示为：

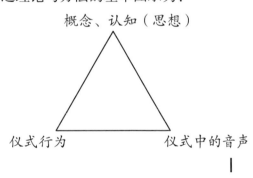

（听得到的"音声"——听不到的"音声"）

前文已经说明，对天主教音乐而言，在其神学范畴内，仪式音乐理论所提及的"听不到的音声"诸类被称为"圣仪"。由于仪式音乐理论主要针对民间宗教或信仰，因此该类宗教所涉及的内容并无系统归纳或神学理论体系，而天主教在宗教学的划分属世界宗教并非民间宗教或信仰类别，它已形成系

9尚未知有文献说明解放前滇藏地区存在有这些礼仪，在实地调研中也没有佐证。

统的神学理论体系。但这里仍可以从仪式音乐研究理论借鉴良好的进路，其主要依据人类学或宗教人类学的理论基础。

上述三角理论：仪式中的音声—仪式行为—概念、认知（思想）进路，在分析天主教仪式中的音乐内容时，笔者建议采用倒推的形式理解。虽然天主教仪式及其思想是在千年过程中逐渐形成，但这里并不着重分析它的历史，而是直接用其现成固有的神学体系（思想）解释仪式行为和仪式中的音声。现代天主教的礼仪神学是从上而下贯彻指导礼仪的每一项细节，皆是从思想上统一一切行为，这亦是制度化宗教的特征。

礼仪改革前传统的拉丁文弥撒是一场盛大隆重的戏剧，圣咏吟诵调、拉丁素歌、绣花华丽祭服、熏香、秘密默祷、多重礼仪姿势配合庄严静谧的教堂，共同组成一场诠释基督信仰的盛大演剧。神职人员在祭台上的一切供人观看，台下的普通教徒并不参与，当有神圣主配角和精美道具服饰的戏剧开幕时，教徒为自己诵念与台上毫不相干的经文并站立观望，心中油然升起恭敬之情。礼仪中的每一个细节都异常讲究，因为它是强烈的符号图像总代表基督的某一个生平片段，通过这种方式，拉丁文弥撒向地上的罪人讲述救赎恩典的全貌。开始的时候一切都是神秘象征，但人们接受这种与俗世带有巨大反差的华美仪式，并倾慕其圣洁、奥秘与宏伟。笔者的实地调研中，那些曾参加过旧时拉丁弥撒的老教徒几乎无一不透露出对这种听不懂艺术的向往、怀念和对今昔的失落感。仪式中一切的音声-音乐、祈祷和圣仪是如此完美秘密且繁复而程序化，一切绚丽和刺激感官的体验展现于了无人烟的蛮荒之地是一种多么强烈的记忆。空灵通透的拉丁素歌、喃喃吟诵的祈祷词、袅袅的没药乳香，如同细妙的花枝装饰蔓延在整个仪式中，它们与整个程序贴切合一以展现神性的伟大和人性的渺小。一旦有任何一个环节喧宾夺主，教会立即以严肃的态度郑重处理，复调音乐在历史上的遭遇就是例证。[10]

礼仪改革后的本土化仪式内容中保留了大体的程序，但从天上转向人间贴近每一位普通者，从"望弥撒"变为"参与弥撒"，人们可以真正参与这场戏剧的演出，它已经极尽简化试图进入内心而不再是让人仰望，音乐从代表

---

10 欧洲早期单声部的拉丁素歌（格里高利圣咏）在千百年中逐渐发展为多声部的复调音乐，旋律的复杂花哨使歌词沦为从属地位，对教会人士来说，这对表达"上帝的言语"极其不利，干扰人们聆听圣言，并且担心过分优美复杂的旋律会使人们分心不能专注。于是复调音乐在天主教特伦多大公会议上遭到几乎灭顶的命运，作曲大师帕勒斯特里那的出现才扭转这一现象。

神性声音的拉丁素歌变成表达人类情感的方言圣歌，极具各地本土旋律特色。祈祷词已少用吟诵调而多改成念或朗诵，圣仪大大缩简环节和细节，包括划十字圣号的次数都已减少，讲述圣经的话语显然增加其重要性，而读经员、领经员、辅祭员等都可由普通教徒参与，这一切均为体现梵二礼仪改革精神的指导性原则"牧灵性"。

3. 神学研究领域的探讨

天主教教会礼仪的核心是弥撒与圣事，它被包围在时辰礼仪年之内，这属于正式表达的礼仪性的仪式。另外圣仪和各式敬礼散落穿插于弥撒、圣事与时辰礼仪年之中，这属于礼仪之外的朝拜，是非礼仪性的。可用图表表示：

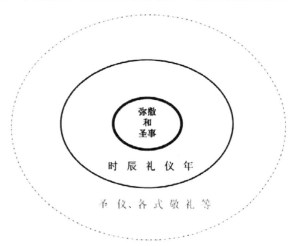

礼仪的核心-弥撒与七件圣事是对人生的圣化仪式，必须由神职人员完成。时辰礼仪年是对时间的圣化仪式，提醒人们与俗人世界不同的时间观，其各项瞻礼和敬礼中神职人员依旧是主角，普通教徒是参与者。圣仪和各式源于民间敬的非礼仪性仪式如珍珠般围绕散落在这些圣化仪式之中，构成礼仪完美的整体，普通信徒对其主动性和参与性很高。

滇藏川交界地区的天主教会没有神父的现状，使该地区的宗教生活发生很多变化，其中不少是无奈之举。普通教徒很清楚神父与自己和俗人的区别，对于不能担当的圣事绝不触及。主日弥撒中最重要的圣祭礼仪只能取消，而其余全部的程序则完全相同，对于教徒来说每次不能领受耶稣圣体意味着没有神圣和恩宠。当地教堂主日进堂不能称"做弥撒"，而是惯称"念经"，实际上是有圣道礼仪，但有些地方的主日仪式索性就是念经祈祷没有仪式。

　　七件圣事中，圣洗和坚振是相辅相成的姊妹体，出生时由神父施洗赋予神印，成长后坚定信仰办理坚振赋予神印。没有神父时，圣洗可以由当地会长和长者或代父母代洗，但坚振圣事就直接取消。圣体圣事是七件圣事的核心，但在这里的情况是，一年仅有一两次时间有神父光临，圣体由神父祝圣之后存放于圣体柜并点上长明灯。笔者考察中看到最多的情形是长明灯日夜闪烁的圣体柜很少有被打开的机会，甚至有些教堂偏僻简陋到不具备圣体柜（一种情况是这里常年没有神父光临）。告解圣事是对心灵的洗涤获得精神赦免，但其对象仍是合法专职的神父，没有这样定期净化的手段，人们可以采用的方式自然是与非教徒没有太大区别。终傅圣事是为病重之人的仪式对将亡之人的告慰，没有神父的教徒大多只能取消这一环节，一些地区如云南贡山的教会请会长临时替代神父职责，并在这个时候特例为将亡之人领受一次圣体。按立神职人员的圣秩圣事在这些地区几乎毫无踪影。婚配圣事由于长年的风俗和没有教会精神指导的熏陶，这些地区现在的情况是，即便有神父主持，教徒们也基本不进教堂办理，因为这是人生礼仪亦是家中父母亲人的祝福重点，教会建立神圣婚姻契约的概念完全不抵民风民俗之传统。

　　虽然没有神父，滇藏川交界地区的天主教会依然遵循时辰礼仪年的安排过教会生活，其表现方式是瞻礼单。几乎在最远最偏僻的教会中，笔者仍然可以看到贴在门上或新或旧或完整或残破的瞻礼单，它的存在时刻提醒教徒，进入教堂内的生活与世不同。但其中很多红红绿绿标签的日子都略去，只有四大瞻礼和追思已亡的日子被循环往复地实践。圣仪被普通教徒忠实的执行，但神职人员的神圣圣仪人们就鲜有机会领略。而各项敬礼仪式在该地区少之又少，仅常有在堂内念拜苦路经一项。这些即是没有神父的日子里，教徒们的宗教生活方式。笔者曾经询问贡山的会长，教徒们能否感受到没有神父驻堂这种情况不好或者对自己的信仰有影响，他的回答是肯定的。但这已形成另一种不同的传统，人们在此模式下用自己的方式去调整与适应。

4. 宗教学研究领域的探讨

　　对于滇藏川交界地区天主教徒的个体和群体而言，神圣的宗教世界和世俗的人生世界是否有分别？客观能提供被调查者观点的答案是基于社会学和人类学基础的调查问卷，实际操作由于被研究对象的语言障碍和文化水平等因素，使问卷发放及回收多次成为无效手段。事实在于若不能长时间与当地教徒吃住通行并深层融入当地文化，作为汉族的调研者很难真正了解少数民族人群中这个少数派群体的思维方式。每当面对我们的疑惑时，他们的回答往往令人费解，于是人们会在有意无意间用他们惯用于对汉族人的交流方式或他们认为的汉族方式再向我们解释一次。这种情况下，究竟能多大程度了解对方的思维模式确实不得而知。因此笔者仅基于自己观察的角度提出个人看法，并不定论总结。

该地区教会不同于笔者曾调研或经历过的城市天主教会，在这个群体身上有明显的汉族文化烙印、残留的欧洲文化痕迹和始终不变的本民族特征，他们的教会生活是这三种的混合。对圣俗问题，人们似乎在遵守一个规则：教堂内举办的一切代表他们的神圣世界，教堂外的一切是人生俗世的展现。

> 赵文词先生认为，中国的传统天主教有很强的托马斯主义色彩，强调等级制，反现代性。梵二式的改革可能会在很大程度上改变中国教会中的精神状况，从而成为促进文明社会（这是赵先生对"Civil Society"的中译，他不赞同[市民社会]的译法）发育的契机。这个命题很有些韦伯式的色彩，但是，韦伯强调宗教中圣俗两极之间的紧张……不幸的是，在中国农村，梵二改革的实行并没有如赵先生想象的那样（城市里或许不同，而赵先生更寄希望于城市的中产阶级）。它几乎就变成了一种纯粹的仪式改革；换句话说，它只涉及到了宗教治理技术中的仪式问题，既没有触及人们的日常生活，更没有改变人们的生活伦理……换句话说，中国教会只能把梵二仪式改革技术化，却不能把普世精神引入教友的宗教实践中。[11]

滇藏川交界地区的天主教会在旧时的教会礼仪是拉丁礼，它提升人们的神圣精神却很难触及世人本身，能弥补这一缺憾的是神职人员本身的关怀与奉献精神以及教会配套体系对人们的实际帮助，此时宗教仪式中的音乐是神性代表，歌者亦是神圣代言人，等级分明亦反对与俗人俗事交流，拉丁素歌的唱法、音色及旋律特征也就此既定。

> 一般而言，每次弥撒都是神父的宗教治理技术的一次表演……在这种错落有致的结构中，人们得以完成共同的献祭，弥撒是最重要也最正式的宗教治理技术。天主教仪式的两个特点是：集体性与

---

11 吴飞《麦芒上的圣言-一个乡村天主教群体的信仰和生活》香港，道风书社，2001年，第85-86页。

垂直性。一方面，这是集体完成一项宗教献祭，气氛相当重要；另一方面，这里鲜明地体现着垂直的宗教治理，教友和神父之间的界限相当明显。教友们以神父为中心，共同完成这个庄严隆重的献祭仪式。唱经、辅祭和平时的领经是需要他们参与的主要宗教技术。[12]

这种神圣氛围在拉丁礼中，普通教徒只能观望，而拉丁礼取消之后经历了断层时期再次续上现在遵循梵二改革后的中文礼仪时，普通教徒可以参与这种共祭的神圣氛围。这种宗教气氛是对神圣教会和至高精神世界的认同与回馈，但正如引文所说中文礼仪只是一种纯粹的仪式改革，没有触及日常生活，没有改变生活伦理。而没有神父的状况使当地的基本宗教生活保障都处于举步维艰的现实，对于那些受益于旧时教会恩泽的老教徒而言，人们必然对现状不满而心怀留恋；对于中年教徒而言，他们对教会的情感是延续自老辈的传统；对于青年教徒而言，教会生活更不具备吸引力，不过人们仍然保留对家族和传统的尊重和维持。于是事情变成这样：人们持续传统教会的思想教导即教堂是圣殿，世俗之事不可进入，应念经祈祷和唱圣歌。而步出教堂后，大门随即锁上，神圣世界就此结束。即便是宗教大瞻礼节日的庆贺除宗教仪式其余均在教堂之外举行，欢庆的内容与宗教无甚关系，教堂大门成为圣俗世界二分的标签——换种方式说明即教徒们进教堂唱圣歌，出教堂唱与常人无异的歌曲。在行为上除了周日上教堂念经，有些地方在平日的早晚期间进堂或在家中念经，饭前有谢饭经（并不是每个人都遵守）等之外，很难看出教堂之外的教徒与非天主教徒有任何区别。在笔者看来，这些教会礼仪更多层面上是一个标志，分别圣俗世界的标志。

在天主教中，教徒们在宗教仪式上成为一个较为明显的共同体，而神长的权利清晰可见，他们的组织、教义和仪式都比较严格和正规，教友们一般不会有太多的偏离。也就是说，教友们的宗教生活和日常生活之间既明确二分，又由相当的距离。体现在宗教生活中，他们就保持了比较明确的神圣观念、仪式技术，恰恰可以不断强化这种圣俗二分。这一点是中国天主教徒当中比较突出的特点，也会在很大程度上影响到别人对待他们的态度和他们的自我认同。天主教强调以教堂为核心的教会组织，强调教会作为整体的存在，宗教

12 吴飞《麦芒上的圣言-一个乡村天主教群体的信仰和生活》香港，道风书社，2001年，第86-88页。

治理主要靠仪式技术完成。仪式一方面要在集体中完成，一方面要有明确的神圣标志，因为宗教仪式最能保障教会的整体性和教堂对教友们的控制，也就是最能体现垂直型和集体性的特点。神父们可以不必过多地讲救赎，不必过多地讲十诫，但却一定要保障仪式进行的秩序井然和气氛庄严——这必须是纪律严明的集体活动。仪式是教会完成宗教治理，把权力渗入乡村的重要技术，可以保证教友们对神权的服从和内部的整体性，迄今为止，天主教尽管在教义上有很大改革，却始终没有发展处一套系统的自我技术，足以影响普通教友的日常伦理。[13]

二、圣俗群体的混融-人生礼仪

婚丧嫁娶、生老病死这些循环往复生命经历构成每个人的人生礼仪。在天主教神圣礼仪中，出生时的洗礼、婚礼和临终前或病重时的宗教祝福均属七大圣事范畴（圣洗圣事和婚配圣事），葬礼却被排除在外。而这些人生循环礼中，最复杂的文化现象正是丧葬礼仪，康熙时代的礼仪之争恰恰触及葬礼的核心问题。

对滇藏川交界地区天主教会的调研中了解到，在基本没有神父的状况下，出生时的洗礼被教徒们忠实地执行，通常由会长、年长教徒或代父母施洗，或是知道神父何时来最近的教堂或是前去最近的教堂处请神父施洗，这关于教徒们下一代的信仰归属问题，前提是父母双方均是天主教徒。另一种情况是，该地区多有不同宗教之间的联姻，通常是藏传佛教徒与天主教徒通婚，如果女方是天主教徒而男方是佛教徒，一般情况下孩子的宗教信仰问题随属父亲。如果男方是天主教徒女方是佛教徒情形则反之，但也有例外，或者孩子自己长大后改换或放弃信仰，这是当地复杂而特有的社会文化现象，不属本书探讨范围。

教徒的婚礼现状是，通常不选择进教堂举行婚配圣事，但如有驻堂神父会作为嘉宾邀请参加婚礼，仪式按当地传统藏族婚礼举办，歌舞酒席一切都是流传下来的百年习俗。如果与佛教徒联姻，会遵循佛教习俗如进庙请喇嘛算吉日等举办婚礼程序。

---

13 吴飞《麦芒上的圣言-一个乡村天主教群体的信仰和生活》香港，道风书社，2001年，第101页。

教徒的葬礼仪式通常由会长主持办理，做弥撒环节取消，普通教徒参与殡葬礼和安葬礼，会长和教徒都可以洒圣水洁净祝福，全体教友唱圣歌、念经祈祷为亡者祈福。如果有神父能参与，则按全套的葬礼程序举行。仪式结束之后，会有饭食招待。葬礼可以说是该地区天主教气息最浓的人生礼仪，换句话说，相比其它的人生礼仪，在葬礼问题上能看出天主教与异质文化调和中妥协程度最小。丧礼的来宾多是丧主的亲戚朋友和周村四邻，他们有佛教徒、基督教徒、天主教徒、民间宗教信徒和无神论者，不同信仰的人们共同参与这一天主教徒的葬礼，恰恰是传统伦理的展现。凡涉及天主教仪式的内容，非教徒就聚集他处等待仪式完毕再参与帮忙，当入土掩埋举办完按葬礼时，可以看到此时传统习俗的处理方式：全套寿衣的丧主入土，人们按着老规矩的每个细节指导安葬，为的是获得福气不触霉头。在这一点上，来源于欧洲的天主教传统并没有明确指导，但在中国风俗中却有具体的行为观念，因此这种葬礼仪式的中西文化混合较为突出。在葬礼音乐上，我们可以看到完全遵循教会传统，并无一首本地传统的葬礼歌曲，而是教会中可以用于葬礼圣歌。在葬礼习俗上，招待帮忙的人家吃饭亦是传统惯例，但天主教葬礼的饭食透露出大不同的情况。传统习俗与藏传佛教葬礼的饭食多是大张旗鼓、杀猪宰牛、酒宴摆席，通常多是儿孙以此来显示对亡者长辈的孝顺之意或此为亡者之意愿自己黄泉路上走好，于情于理都合乎传统，但铺张浪费攀比成灾之风已使穷困的乡民不堪重负。天主教葬礼的饭食已完全摒弃这种习俗，仅是慰劳大家辛苦的饭食，因此经济成本的下降和同样达到效果的葬礼会成为一部分人临终前该信宗教的主因。

倘若细细分析一下两套葬礼的异同，我们就会发现，天主教中没有改变的，大多是与家族制度、村庄共同体、血缘观念等制度方面相连的部分；而对于涉及到对死亡理解的大事，大多经过了调整……改变了的，乃是如何交代灵魂的问题。教友们的仪式，是将灵魂交了在耶稣手中，而不再列入可以岁时祭享的列祖列宗当中，而仪式的操作，却又在相当大的程度上体现了他们日常生活的人际关系和伦理观点。换句话说，他们尽管在文化观念和终极关怀上与大教人体现出相当大的差异，但这种冲突却不会影响到乡亲之间的关系，不会妨碍到大家平时的礼尚往来。我们还可以说，**他们的信仰是天主教的，伦理是中国传统的，仪式则是中西方的结合**。从终极价值上讲，葬礼问题实际上是两套文化相遇时一个短兵相接的战场。教友们对出生礼仪与结婚礼仪的调整都相对较小但丧葬之礼却在几个关键的上做了改变。从这个意义上，我们耶稣可以理解康熙皇帝与教宗争执的实质。[14]

涉及到死后问题的，大多应遵循天主教的规矩；涉及到制度与伦理问题的，仍然可以保持原有的框架。这个问题还可以扩展到节日上面……似乎可以这么说，我们看待天主教，总把他放在西方文化语境下，把它当作一种西方宗教；但教友们不是这么看的。他们没有把它当作西方宗教，因而不大会从信仰之外的角度入手，因而也就不会觉得家族制度之类有何不妥……我们可以很清楚地看到，这里既有天主教式的信仰与仪式，也深深渗透着中国固有的伦理。纵观天主教徒中几方面的人生礼俗，受宗教影响比较深的教友似乎是非常在乎生死、信仰、神等信仰问题的。正如我们所一再提到的，他们那里有着比较明确的神圣概念，有着比较明确的圣俗之分。但是超出神圣的范围之外，却有着比较大的自由度了。[15]

天主教中明确的圣俗二分也使得神圣观念很难去改变生活制度。而这些生活制度中恰恰深深渗透着传统的伦理道德。尽管教友们接受了天主教的终极信仰和世界图景，这却不能影响到他们的基本伦理。这些信仰没有变成伦理性的实践技术，没有渗透进日常生活，更没有取代他们的日常伦理……在教士那里，礼仪之争可以成为一个真正的问题，两套礼仪就体现着两套逻辑，是针锋相对的；但在教友们这里，信仰、仪式与日常交往却根本不可能构成冲突。而正是他们的圣俗二分模式，二者之间不会产生韦伯式的紧张……西方的伦理观念虽然确实很难进入中国人的生活，宗教的超验观念却较容易被人们接受。我们并不能就此认为基督教已经在中国多么根深蒂固，但却应该想一想，一种观念能否进入另一种文化，关键

14 吴飞《麦芒上的圣言-一个乡村天主教群体的信仰和生活》香港，道风书社，2001年，第156-157页。

15 吴飞《麦芒上的圣言-一个乡村天主教群体的信仰和生活》香港，道风书社，2001年，第158-159页。

问题也许并不是二者在世界观上有多大的重读，而是这种观念能否有效地技术化。[16]

人生仪式是开放的仪式，作为教徒和非教徒共同参与的礼仪，实质上是传统伦理占据主导地位。这些仪式中，即使有神职人员的主持或参与，其边缘化状态也是中国天主教的特征。这里正如引文所言，传统的家族制度、血缘观念、村庄共同体等没有改变。圣俗群体在开放的人生仪式中仍然延续他们本有的习俗并和睦相处混融一体，彼此不同的宗教信仰并不成为妨碍。

三、圣俗身份的联结-教堂外的歌舞

教堂外的歌舞与宗教仪式无关，但其发生的时间地点均有特殊性。这些民间歌舞原本出现于农闲、春节、佛教节日、婚礼中及乡民自娱自乐时，滇藏川交界地区的天主教徒与该地区其它人的区别是信仰不同，因此民俗中民间歌舞的成份原样保留，佛教节日中的歌舞类别取消。在举行天主教四大瞻礼庆日时，教堂内宗教仪式结束之后，人们聚集在教堂外的广场中围圈歌舞欢庆，这些舞蹈是民俗性的藏族弦子舞和锅庄舞以及傈僳族、怒族的民间歌舞种类，原有民俗中与藏川佛教或原始宗教相关的内容被小心剔除。这些歌舞除在春节、婚礼和自娱时间以外，固定在天主教四大瞻礼庆日的宗教仪式结束之后欢庆，百年沿袭下来构成该地区独具特色的宗教及文化特征，亦是天主教在该地区本土化的显著之处。

作为一名天主教徒，进堂之时是面向天主的神圣身份时刻，出教堂之后与大家欢庆传统歌舞是与俗世人群身份无异的时刻，教堂外的民间歌舞成为藏区天主教徒圣俗身份的联结点。只有在这个歌舞欢庆之时，各种信仰的人们可以手拉手毫无拘束地在天主教堂门口高歌欢舞，此举常引来很多人驻足围观并参与，简单易学的藏族圆圈舞亦成为跨越民族与宗教的良好沟通方式。

四、时空中的经线

教会礼仪、人生礼仪和教堂外的歌舞作为鲜活的社会现场构成经线内容，其开放程度逐层递增，在欧洲天主教文化、中国藏族文化和中国汉族文化的三层交融中勾勒出天主教在滇藏川交界地区本土化的模式。这些内容在百年

---

16 吴飞《麦芒上的圣言-一个乡村天主教群体的信仰和生活》香港，道风书社，2001年，第 160-162 页。

内跨越时空隧道，通过零星的历史资料为人们证明它的历史延续性，换句话说这是一条立体的经线，它不仅存于现在也源于过去且在未来延绵。

第三节　纬线-音乐文本

一、固态模式的记录-音乐文本

固态恒定的音乐文本记录教堂圣歌的变化模式，也展示天主教仪式与音乐本土化的多般形态。滇藏川交界地区天主教会的音乐文本历经拉丁文→藏文→汉文三种类型，代表欧洲文化→藏族文化→汉族文化逐渐融入的过程。

四线谱的拉丁素歌是欧洲天主教会音乐的精华，它不仅代表圣歌的神圣、一统、至高和纯洁性，更意味天主教会的大公性和绝对惟一标准。即使在历史中历经沉浮跌宕，拉丁素歌的独一性仍是不可替代。这种独霸进入中国之后引发巨大的社会问题，表面一首小小的歌曲不能掀起波澜，实质问题在其背后。笔者调研的藏族老教徒中，未发现一位能演唱拉丁素歌，倒是一些受过旧时神学教育的汉族老教徒（他们有些是汉藏混杂身份）和自小由教会收养的汉族孤儿病人可以部分吟唱这种欧洲传统圣歌。

为了传教必须做调整，面对频发的教案教难、微小的成果和巨大的损失，天主教会首先是学习藏语、翻译经典和编纂圣歌，藏文圣歌谱本由此产生，因此我们查看教会在文化适应策略上作出多大程度的让步。通过前文对藏文圣歌谱本的分析发现，全书编纂不过 22 首，仅是将拉丁文音译成藏文，现在我们还能搜集到很多类似的汉文老歌谱，如将拉丁文"Kyrie eléison"（天主怜悯）亦称同音的汉字"基利矮　嗳肋衣扫内"，藏文的翻译亦是如此。这种云山雾绕的翻译使人完全不能理解其含义如何，换句话说，此时的天主教会在维护其千年传统的神圣性层面上几乎没有丝毫让步，因为神圣拉丁语象征神圣惟一教会，其圣洁度不可打折受损，但我们终于还是看到非拉丁文的圣歌谱本。翻译编纂成册的藏文圣歌谱本需要学习才能推广，因此教会有办藏文教理学习班教授教徒用藏文学习天主教教理、祈祷和圣歌。年长的教徒在小时候多半参加过这类学校，老师有外国人、汉族人、怒族人和藏族人。笔者参访过秋那桶村的德雷萨、才当村的安娜和盐井的阿尼等都比其它教徒更多理解一份宗教教理，亦对藏文圣歌的熟悉程度更深，可以拿着谱本逐字歌唱但并不识谱，其它教徒绝大部分完全看不懂圣歌中的文字和曲谱，仅靠记忆世代传承。

当藏区传教工作尚未完全展开时正逢中国解放，前面所发生的一切都将逝去。20世纪50年代到80年代的动荡期使教会原本埋下的种子摧残夭折，80年代起调整后的宗教政策使残存下来的一起发生变化，滇藏川交界地区的天主教会在保留原有的藏文圣歌和祈祷经文基础上，完全遵循改革统一后的汉文礼仪，汉文圣歌谱本得以流传开。而汉文歌本的曲目构成十分复杂，原意是每首歌曲均无出处书名，并且一致采用简谱记谱。其中有些是四线谱拉丁素歌的简谱汉文翻译，有些是五线谱欧美圣歌的简谱汉文翻译，有些是国人自创，还有些是基督教会的圣歌，一统大杂烩编纂。其译本众多漏洞百出，印刷质量简易粗糙，这基本反映当今中国天主教会音乐的现状及缺乏各项领域的专业人才。

如今滇藏川交界地区的天主教会中，近一个世纪前的拉丁文圣歌谱本基本不见踪迹，在今在图书馆和某教堂（前文提及）内残存数本。藏文圣歌谱本在藏族人聚集地区存留有数本，现今虽然使用但已无人能解其意识其谱。汉文圣歌谱本的通用是现在和未来的趋势，若不能培养专门人才和灌输注重本民族文化的思路，藏族天主教事务的发展也只能维持现状。

二、时空中的纬线

恒定固态的音乐文本这条反映天主教仪式与音乐本土化的纬线，是对鲜活事实现场之经线的左证，它穿越时空所反映的百年历史到如今的现场示例是清晰有力的观察角度，这同样是立体的纬线，它与经线交错构成一幅纵观古今、融汇多种文化之新的立面构图。

第四节　本土化-时空中经纬线的交织

一、新的构图

时空中经纬线的交织不同于平面织布，它存于历史显于当下，这个新的构图正是滇藏川交界地区天主教会以自己独特的文化背景和历史发展显露出不同寻常的画面，这就是文化交流的结果，亦是本土化的一种模式。

交流框架也把传播看作是一种基于"协商"（negotiation）的交流……这种协商的结果，可以根据接受的程度——接受程度可以通过观察它在两个极端之间的联机上的位置来确定——来加以分类。一个极端是对他者的礼仪元素，用最纯正的形式完全地吸收或接受；另一个极端是完全拒绝。完全接受和完全抵制两个极端之间的这个范围，可以安防、度量本土文化对外来文化元素（也即那些被接受或者抵制的礼仪）的各种响应；也可以度量两种文化中的参与者——从接受他者礼仪的人到那些强烈抵制者。完全接受完全抵制的例子相当少见，大多数情况都可以归于这两个极端之间的范围，因为最终创造出来的东西必然会包含两种文化的因素。这个范围之中存在着多种可能性，像接受、融合、杂交等等……它有助于观察两种文化间的互动产生的创造物的多样性。宗教人类学家和宗教史学家用各样词汇描述这种结果：混合、调和、汇合、杂交、混血、熔合、合并等等。一些贴切的比喻也被拿来指代这种现象：器官移植、嫁接、化学品混合反应或河流交汇等等。[17]

本文所涉及的实质是欧洲、藏族、汉族三种文化，它们之间互动产生创造物的多样性更为复杂有趣，总之可以成为一个杂烩体。

钟著中说明欧洲天主教团体的礼仪生活模式和传入中国后的天主教礼仪模式有何区别：

……在传教最初的阶段，中国天主教的总体图景与欧洲的情况非常类似，至少传教士们是这样报告的……然而天主教葬礼的逐渐本土化过程显示，经历了一个长约百年的阶段，情况变得复杂得多。那些可以由世俗信徒举行的非圣礼或者非教会礼仪，在中国天主教徒日常生活中变成了最重要的。因此，礼仪之间有了一个较清楚的区分：圣事诸如感恩礼和告解，仍然是严格的教会礼仪；洗礼由圣职人员和地方传教员举行；聚会祈祷和守斋（虽然也由圣职人员参加），成为普通天主教徒将自己和举行与此类似的佛教、道教仪式的中国人区分开来的最为重要的礼仪形式；葬礼成为家庭和天主教团体的基本礼仪，里面只为神父保留了一个边缘角色……中国制度

17 【比利时】钟鸣旦《礼仪的交织-明末清初中欧文化的丧葬礼》上海古籍出版社，2009 年，第 239-240 页。

型宗教的礼仪，被某些由传教士主持的礼仪、更主要的是被天主教团体举行的仪式（如祈祷、洒圣水）取代了。这些礼仪相对较少要求礼仪专家出席，因为它们可由世俗信徒举行，虽然不比由家族成员（类似于教派）举行。这种区分确证了传教士和中国天主教徒所使用的范畴：天主教神父只举行"圣教之礼；普通信徒举行"圣教之礼"（如念诵天主教祷文）和"无邪之礼"（如供奉食物）；遭到抵制的，是那些所谓的"邪礼"，其中包括弥散型宗教的某些礼仪（如烧纸钱）和直接与中国制度型宗教相关的所有礼仪（如念诵佛教经文）。[18]

这段引文中描述的情况完全适用于本书范围，天主教之所以能在藏区生存，其原因莫过于它需要一定程度的调整和让步以适应当地文化，只不过在该地区每次的适应都付出高出其它地区尤为惨重的代价。那么，滇藏川交界地区的天主教会究竟属于哪一种文化呢？

……天主教刚被介绍到中国之时，是以一种排外团体的面貌出现的，这是所有东地中海宗教的典型特征。像洗礼、感恩礼和告解等礼仪，都对这种排外性的产生负有责任，因为它们只是面向团体"内部"人群的。只得注意的是，与欧洲同样的礼仪相比，来到中国之后这些礼仪几乎没有发生任何大的变化。同时，葬礼等其它礼仪，使天主教显出另外一种面貌：一个将自身礼仪嫁接或补缀到原有家礼之上的、面向世俗的团体。是中国的文化强制-它强调正统实践，造就了这种"之间"的状态。面向超越存在的那些礼仪，可以用它们自己的独特方式，在一个边缘和相对排外的团体中进行。但面向世俗世界的那些礼仪，不得不用和周围人群同样的方式举行。[19]

引文谈及"之间"的状态告诉人们，它既不属于欧式文化，也不属于汉族文化，更不属于汉族文化，这是它们"之间"所造就的一种多样文化状态，这种模式产生了一种"张力"与"空间"。"张力"是它与大背景任何一种文化的差异性，"空间"是它可以在一定规则内攫取各种文化的优点为自己的生

18 【比利时】钟鸣旦《礼仪的交织-明末清初中欧文化的丧葬礼》上海古籍出版社，2009年，第248-250页。

19 【比利时】钟鸣旦《礼仪的交织-明末清初中欧文化的丧葬礼》上海古籍出版社，2009年，第250页。

存塑造发展。张力的痛苦和空间的自由基于其宗教本身的容忍程度和社会环境的接纳程度，因此就形成引文所说，面向超越存在的礼仪时以自己独特的方式处理，面向世俗世界的礼仪是就只能与其它人融为一体。而这种状态在滇藏川地区尤为突出：多民族、多宗教、多文化、多地貌、多生态的混融相聚和睦共处，奇特的文化现象不单是反映在本书所涉及的范围内。

二、异样之美

这幅新的构图展现的异样之美在于没有可比性，也无复制可能。它在藏地一角展现出极为不同的图案，扫除人们对藏区文化单一性的成见。在经历百年的血雨腥风之后，天主教这个彻底的"洋教"成为部分藏民的信仰，这群人梳着黝黑长辫、穿着五彩氆氇、裹着藏式长裙从面对雪山长跪叩头到划十字合掌祈祷，从向活佛俯拜祈福灌顶到向祈祷暗室后的神父忏悔告解，从高亢明亮的藏族山歌到吟诵空灵的拉丁圣咏，此情此景让人难以忘却，宗喀巴和圣母玛利亚众神之间用自己的方式在雪域圣地终究存留了一片对话空间。

题外：面对基督教文化

当天主教遇到基督教，而这里的民族宗教又和睦一家时会发生什么状况？本书范围原不涉及该话题，但在实地考察中特别集中在某一个地区，笔者的身份造成被不断介入天主教和基督教之间，自然发现两者对比后产生的有趣现象。这里基于自己的观察有三个角度的前提，即笔者个人所兼备的身份。首先是天主教音乐的调查者，其次是城市基督教（新教）徒，再次是音乐专业者。对被调查者的观察，往往基于这三个角度的混合考虑。

研究滇藏川交界地区天主教与基督教文化的对比现象，是一个很有意思的大课题可触及多个层面。这里不做深入探讨，仅从三个方面简单介入两种同源宗教的社会文化现象。需说明的是，四川康区的基督教和天主教主要群体为汉族，他们之间并不接触也不往来，双方的发展都不兴旺，因此不做比较。西藏盐井和云南维西、德钦地区均没有基督教组织，因此可做典型案例的是云南贡山地区。贡山县地处怒江傈僳族自治州，全州以傈僳族为主要民族人口，贡山县位于全州的最北端接壤西藏，全县主要民族为怒族、独龙族、藏族、傈僳族等，亦是全怒江州藏族人口的主要聚集地，它与迪庆藏族自治州的德钦县仅一山之隔，因此语言口音、生活习俗与德钦藏族相同。

一、信仰人群的异同

云南贡山地区信仰天主教群体主要为藏族、怒族，信仰基督教群体主要为傈僳族。全怒江州的傈僳族信仰基督教的比例非常高，如位于州中部的福贡县，全县九万人中基督徒占五万六千人，沿怒江大峡谷的山地上遍布基督教堂，被称为"福音谷"。贡山县是全州三县基督徒人数相对最少的地区但发展非常快，县基督教两会领导人亦是全州两会的领导，他的口号是"贡山贫穷不能贫穷福音"。县两会除主席、副主席和秘书长每人每月有八百元左右的补贴，其余在教会工作的人员全部为义工，而乡村流动传道员的生活更为艰苦贫困。基督教徒虽然遵守十一奉献原则，但该县地处高寒山区，每户人家五六口平均年收入不过三四千元，教会的艰难显而易见。但贡山县如同福贡县和泸水县一样，基督教发展非常兴旺，教徒们把教会当做良好的本民族传统和自己的家庭一般，因此即便没钱仍旧支持教会，教会活动很吸引人群，而基督教的道德示范起到良好的社会效益。

例如贡山地区少数民族有酗酒习俗，这引发系列的社会问题。首是家庭财务无力支持，其次喜酒之人不能好好劳动生产引发家庭矛盾，再次酗酒伤人事件多有发生，甚至醉酒之人行走于峡谷高山之中失足摔死的事件频发。这个问题上，基督教和天主教的教规条例不同产生不同的现象。基督教会严禁烟酒，因此酗酒成性的傈僳族入教之后彻底戒掉烟酒，甚至在酒桌饭席中只用饮料替代，而香烟和云南当地的旱烟袋、水烟筒更是绝不沾边。天主教会规定可以适量饮酒但不禁烟，因此笔者接触到当地的男性天主教徒几乎烟不离身，而部分教徒也很难控制自己对酒的爱好，特别逢节日酒到兴头时，会长就会打发醉酒之人回家睡觉以免滋事。前文中提到笔者参加的一次葬礼，会长买了两种饮料啤酒和雪碧前往慰问，即是给其它人和基督教徒提供的。由于神学和传统的差异造成基督教和天主教对待酒的问题处理相异，也产生不同的后果。当地部分基督教徒不能忍受对烟酒的禁戒，或改宗天主教或该信喇嘛教或干脆什么也不信。部分酗酒成性的喇嘛教徒为挽救家庭戒酒入基督教重获幸福，这种示例也屡见不鲜。另有部分喜酒之人难以舍弃旧习，认为基督教虽好但教规太严，天主教相对宽松，因此在基督教和天主教之间徘徊。笔者作为一个完全的旁观者而言，认为彻底禁戒烟酒确实有利于当地生产发展和家庭和睦。

当地相对基督教而言，天主教教会组织的活动少了很多。基督教会因为不涉及神职人员的圣职范围和教区分属管辖问题，几乎所有的教徒经过短期或长期的培训都可以担当一定程度的教务分工。在发展教会事务上，基督教会几乎人人主动参与，教会发展具备一定的系统性和规范性。贡山两会的部分传道人在云南神学院或其它培训地受过三年左右的神学训练，回乡之后成为骨干，积极培训各村各点的带领人，教会培训学校的学习热火朝天。傈僳族的基督教习俗是一周五次聚会：周三晚、周六晚和主日早中晚三次礼拜。礼拜活动以唱诗、祷告、讲道为核心，统一使用傈僳文圣经和傈僳文简谱四声部赞美诗。逢节假日，县两会组织举办篮球、乒乓球等体育比赛，大家聚集的饭食费用是教徒个人和教会组织都有分担，对于文娱活动缺乏的乡村山寨，教会举办这些多姿多彩的各种活动非常吸引人。笔者在贡山县打所村偶遇一位驻村一年的大学生村官，他说当地是"文化荒"，也就基督教会很有特色红红火火，而他本人以前对基督教的了解仅来源于书本知识，真正接触却是这偏远的傈僳族山寨，因此看到没有多少文化的少数民族村民信仰"洋教"唱无伴奏西洋四声部赞美诗时，巨大的反差让他感觉不可思议。回来看天主教会，按天主教传统培养一名合格的神职人员前后需要十年时间，并且要求终生独身，这个苛刻的门坎传统比起基督教来说在发展上几乎没有优势可言，而天主教会的核心主要事务必须有这些神职人员主持参与，普通教徒没有资格也不关心这些教务，因此天主教面临的问题可想而知。现实情况是，不仅是贡山地区，整个中国尤其是南方的天主教会都有神职人员严重短缺的现象，而中国北方则好的多。

天主教的教规严密登记森严，因此没有神父驻堂的贡山天主教会只能在力所能及的范围之内维持发展。传统上福传事务非神父教士莫属，但现实是若再不发展，教会将没有新鲜血液很难维持。因此贡山的会长在外地学习的修士回家之时，便办理培训班要求各堂点送派代表。在鼓励教徒读圣经方面，天主教会的步伐远远滞后于基督教会。当地的基督教徒人手一本傈僳文圣经，而天主教徒几乎都没有圣经。历史上曾经翻译的天主教藏文圣经，首先不是全部译本，其次在于当年的译文已无人能懂，已成为古董。通用的汉文牧灵圣经对于当地大部分连初中都没有读过的教徒来说阅读困难较大，而当地少数民族基本能在怒语、傈僳语和藏语之间转换交流，因此当地基督教通用的由外国传教士翻译的傈僳文圣经成为贡山会长考虑的对象。贡山的天主教堂里，年轻人可以阅读汉文版牧灵圣经，傈僳族教徒可以阅读傈僳文基督教圣经，但这两种都没有在当地天主教会通用。这些状况使得天主教会的发展面临挑战，而村民之间互相尊重彼此信仰的领地也面临问题，基督教会的特点是快速发展广传福音，由于入教门坎低，教会活动丰富，当地很多傈僳村民加入基督教，随着传播地域的扩大，基督教的领域也触及到传统的藏族天主教村寨并使不少人改宗，这一点另当地天主教领导人很不高兴。两派之间的竞争在暗地里也避免不了，实质上当地人均认为基督教和天主教是两个没有关联的宗教，而教徒们鲜有进对方教堂进行拜访交流，但从感情上并不排斥对方。大家都说天主教、基督教和佛教是一家人，在政府面前时一条心，民族团结边疆稳定。

对于游走于两教之间的笔者来说，他们对我个人是基督徒、专家和采访者的身份没有任何排斥。每当问及笔者的个人信仰是基督教时，天主教徒的回答我们是一家人同信一个主，[20]基督教徒更是立刻把我当做来自大城市看望他们的弟兄姊妹热情招待。尤其明显的是，当被采访对象得知我前来采访时，立即显示出对"专家"的拘束感和紧张感，而他们得知我是基督徒或相信耶稣时则立刻亲和很多，这种"局内人"的身份很大程度上帮助了笔者的调研。

对于当地基督教和天主教的相异点，还有很多可以进一步研究的文化现象，这里不深究。对于它们的相同点，笔者只涉及感受最深的一点——葬礼。基督教和天主教的葬礼对当地人来说都有一个相同特点，用村民的话说即是省钱还有人不要钱来帮忙。对深受藏传佛教和原始宗教影响的贡山地区而言，常人葬礼的花费过于沉重几近于劳民伤财，而天主教和基督教的葬礼中，所有的教徒都会主动前来帮忙，不需请客吃饭、杀牲祭祀、守夜作法、挂礼送礼，人们仅是唱圣歌、祈祷念经、安葬入土，一顿便饭慰劳辛苦即可，这几乎给所有人都留下良好的印象。笔者一路考察，凡遇有藏传佛教、天主教或基督教的地方，人们都会提起这种情况，看来人死之后遗留的问题对于贫困山区而言并不简单。

---

20 其实大部分人搞不清楚基督教和天主教究竟有何区别，因此有时笔者在向天主教徒介绍自己时，直接说自己也是相信耶稣的，以避开解释。

二、教堂建筑的异同

除了翻越碧罗雪山之外，进入贡山县的通道只有一条，即从昆明坐 10 小时的长途汽车进入怒江州府六库之后，再乘 6 小时的中巴从泸水县经福贡县进入贡山县。公路沿怒江大峡谷而凿，宽约五六米为双向车道，抵不上城市的一个单行道，司机车技绝对一流，时不时有 180 度大拐弯，车头在公路上车尾已甩到悬崖边，初来上滇藏公路任何一条道路的人必定胆战心惊。冬季沿江而行最美的是碧绿如翡的怒江水，夏季沿江而行最美的是葱绿油黄的梯田和耀眼绚丽的木棉花、高山大杜鹃。但跃入人们眼帘最醒目的并不仅是美景，而更有遍布山谷的红色十字架-教堂的标志。

基督教堂和天主教堂最大的区别是，前者简易无装饰仅有一十字架，后者华丽装饰性强多有圣像。沿怒江大峡谷所见的教堂都是傈僳族或怒族的基督教堂约有上百所，基本样式设计一致。除县两会教堂是较好砖石或砖瓦结构和有设计造型之外，遍布峡谷的基督教堂多是造价很低的石棉瓦、空心砖和木材搭建的平房式仓库造型，有些更贫穷的堂点甚至由竹子和竹篾搭建，偶有一两个教堂有尖顶、双层或圆窗造型。由于峡谷人家都很穷困，多数人的自己房屋是乌黑破旧造型简陋，并且传统的傈僳族、藏族、怒族等有在家升火塘的习俗，因此屋内多是昏暗陈旧、烟熏火燎。这些教堂以洁白明亮的简易外形出现在村寨之中，对比村民的房屋就干净舒畅很多，而房顶大大的红十字架标志通常格外醒目。因此沿路从远处看来，一片村寨中最漂亮、最大、最干净的房屋往往就是基督教堂。

贡山县的天主教堂现有 15 座，旧教堂多是文物建筑，新教堂有懂城建设计和美工的教徒参与设计。所有教堂样式多样，白族式、怒族式、欧式等风格非常漂亮。贡山两会副会长教徒嘉俾厄尔是该地区教堂设计的灵魂人物，贡山 15 个教堂中，他参与了大部分的重建、绘画与雕刻工作，这些极富本地特色土洋结合的美丽圣堂为急弯限流的怒江大峡谷更平添一份魅力。笔者从第一次从网络上看到重丁教堂的秀美典雅，到亲眼看见茨开教堂内部仿欧式的设计中透露出绘画者无尽的想象和中国风格的渗透，这些教堂内外或简朴或华丽，虽无法与西方教堂相比拟，但在这滇藏交界的艰难险阻之地仍旧展现出一幅幅动人心脾的画卷。嘉俾厄尔的所有绘画技术均为自学，他绘制教堂的图案美妙精致，并有欧式、藏式、中式等多种风格的混融。以上是笔者和嘉俾厄尔的一段对话：

时间：2009 年 5 月 25 日

地点：才当教友安当家

问：所有这些教堂都是谁设计的外形？

答：桶当（教堂）是当地教友设计的，茨开（教堂）还是一个教友设计的，那个教友是在城建局（工作）。

问：当时是按他设计的这个图样来建的？

答：嗯。

问：里边的图还有那雕像，都是你做的？

答：对。

问：这个（茨开）圣心堂到耶稣圣心节的时候是不是要过隆重一点？

答：还没过过。

问：你是哪一年在里边画的？

答：2002、03 年。

问：画了多久？

答：一个多月。

问：壁画、还有里边的圣像？

答：圣像是前面已经做好的。

问：教堂施永功是哪位设计的？

答：我父亲设计。

问：有没有什么族的风格？

答：没有。

问：里面有你的画吗？

答：没有，不过这里面刻的十字架、天使（是我做的），在里面有一个最大的耶稣十字架。

问：尼大当教堂结构谁设计的？

答：当时的教友。

问：像咱们当地的房子差不多？

答：嗯

问：里面有壁画吗？

答：没有。

问：崇刚教堂的结构是不是还跟当地的民居有关系呢？

答：都是木质结构的民居。

问：前几个看的好像都是砖石结构？

答：嗯。

问：为什么那个村子里头大部分都是木头（结构）的？为方便，水泥不好背吗？

答：对，当时交通不方便。

问：这种木质结构房子一般保持多长时间？

答：永久性的，你能把这个盖好了不漏雨的话可以保持永久。

问：这边下雨、下雪、泥石流会影响？

答：不会影响，由于你盖的好通风的话，它的寿命时间很长的。

问：这种木头不招虫子？

答：如果长虫子的话，可以上石灰，石灰防虫的吗。

问：秋那桶教堂就像怒族的房子？

答：对，秋那桶教堂也是土木结构的。

问：它是属于什么风格？

答：各式各样的建房。

问：这是谁设计的？

答：也是当地的村民。

问：普拉教堂是木石结构？有你画的壁画吗？

答：没有。

问：它上面有个钟楼？

答：这是模仿白汉洛教堂的。

问：教堂外面漆都是黄色的，不像白汉洛那么鲜艳的颜色。现在这种教堂都需要维修吗？

答：以后如果公路通了，那条路通到那里去就可以去（维修）。

问：普拉教堂是在普拉村？

答：普拉村离才当村五公里左右。

问：村子里面有多少教友？

答：也是一半喇嘛教，一半天主教。

问：桶当教堂所有的绘画是不是都是你画的？

答：嗯。

问：是重修的教堂还是老教堂？

答：新建的，老教堂已经不存在了。

问：这个教堂你是哪一年去画的？

答：这个忘记了，画了前面的那个平面，可能是两个星期左右。

问：是用水粉画的？

答：嗯，现在就不用水粉了，用炳稀。（原来用水粉画的）容易掉颜
　　色，现在可能掉完了。

问：桶当村也是一半（天主教）一半（喇嘛教）？

答：嗯。在那边的当下三当村有三个教，基督教，天主教，佛教。
　　我也说不清是佛教还是民间的什么教。

问：有纯粹的教友村吗？

答：白汉洛、才当一个，还有从尼，阿路拉卡。

问：秋那桶村呢？

答：秋那桶也是有两三家不是教友的。从尼基本上就一两户不信的，

问：这个教友是从白汉洛教堂分出去的？

答：不是，当年就有，以前就有。

问：教友村里面就没有其它宗教了？

答：没有其它宗教。

问：那就是五个教友村。

答：才当八十户人有一户不是（教友）。

问：这个八十户在咱们附近算人口比较少还是多？

答：比较多。

问：从尼有多少？

答：从尼两百多人口，四五十户差不多吧。

问：秋那桶，七八十户？

答：差不多吧。

问：阿路拉卡是不是人最少？

答：阿路拉卡是三个组，隆坡、布国当、隆塔。三个组一个教堂。

问：这个结构就是村子下面是组？几个组组成一个村子？

答：组是相当于以前的村委，现在把它改成组了。

问：组是最小的乡村结构？

答：嗯。上面是村，然后就开始一个一个的乡。

问：这个教堂结构有个统一的特点，正中间顶上肯定有一个钟楼，但钟楼是什么结构就不一定了？

答：嗯。

问：阿路拉卡是什么时候建的？

答：2004 年或者 05 年，砖瓦结构。

问：这是砖瓦？那么远的山背上去的？

答：嗯。

问：但是比它矮的教堂为什么反而建土木，那么高的反而建砖瓦？

答：我们教会的资金很困难，所以建一个教堂必须要把它搞成永久性或者非常固定的，所以都要一步一步地建。首先要在这个地方安个堂，以后我们再逐步一个一个好好地建。

问：以后想把其它那些土木结构的改成砖瓦结构的？

答：这要看教会的资金，我们很想建成这样的。我们资金很困难，所以筹集到一定的资金的时候再建一个教堂。

问：每个村的教堂是每个村子负责还是两会负责？

答：以前建土木结构都是本村自己负责，两会是在 2002 年才成立。当时恢复信仰以后都是本村自己负责自己的。

问：现在砖瓦结构的有茨开堂、阿路拉卡、施永功、永拉嘎、桶当、重丁教堂？重丁是重修的？

答：没有重修，前面盖了一坐简易的教堂。当时我爷爷出资没有那么多，后面我们筹到资金以后又把里面的重新装饰一下。

问：所有的风格都跟大理有关系，因为是受白汉洛教堂的影响？

答：嗯。

问：重丁教堂这个图案是自己设计？

答：主要是自己设计的，有耶稣北背字架、圣家族、天使。

问：两边是天使围绕着，上面写的是拉丁文？

答：写的是藏文。

问：什么意思？

答：钦崇天主，万有之主。一天主万有之上。两边模仿大理白族的画是模仿白汉洛的。

问：白族风格用的是黑白颜色，耶稣十字架为什么用蓝色？

答：如果黑白相间再添上蓝色就比较鲜艳。

问：但是为什么不用一些红色或者是黄色，其它鲜亮的颜色？

答：我就喜欢用这个颜色。

问：这种颜色其实比较柔和，在山里面非常漂亮而且很醒目，用水彩画的？

答：我现在用油画，不容易掉颜色。

问：这个（重丁）教堂的设计是老式的？

答：按照以前的图片来设计。

问：欧式教堂？

答：对，以前有两个钟，但现在只有一口钟。钟楼还有两个，钟就是一种装饰而已。

问：原来有两个大钟？

答：左右两个。还在呢，一个在阿路拉卡，这儿就这一个钟。

问：你雕刻也会，绘画也会，设计也会，好多圣像也是你雕的？

答：嗯。

问：这几样你更喜欢哪个？

答：什么都想……

当地基督教堂和天主教堂由于神学理念和教会传统造成设计装饰不同，但它们均有各个完全相同的特色，即所有教堂门口都有一块篮球场空地。人们在这里举行篮球比赛、节日欢庆、聚会聚餐、举办活动，这种公开的宗教活动或以教会组织举办的公开活动，在城市中并没有这样自由敞开。

三、教堂音乐的异同

与怒江大峡谷空灵的自然天籁匹配的莫过于傈僳族基督教的四声部无伴奏合唱，这种震撼人心的歌声成为一路陪伴笔者魂牵梦绕的余音。在网络上散步有很多游客撰写的游记，凡到过怒江之人无一不为这歌声震惊。对于笔者一个音乐专业人而言，印象深刻的外国原生态无伴奏合唱是保加利亚的女声合唱，中国原生态无伴奏合唱是侗族大歌，它们均具备显明的民族特色、高超的音乐技巧、原生高亢的音色、多声部自然和声以及运用二度、七度不和谐音程的特点。然而傈僳族演唱的四部合唱却是地道欧洲传统的四部和声赞美诗作品，包括亨德尔、巴赫等人的清唱剧，这一切对于受过训练的教会唱诗班不算太难，但是让笔者惊异的是，参与四声部合唱的并不是唱诗班而是全体教徒，全体参加聚会时按男女分开四声部的位置就座，会众集体唱诗均为四部合唱，这一点欧洲的很多教会都难以做到。由于教会贫穷没有钱买风琴，会众唱诗均为无伴奏，每个人都会打拍子指挥，一人起头用傈僳语唱出四部的四个音高全体应和。演唱过程中，但凡有一个人唱错拍子或音准有误，全体会众立刻默契配合矫正，合作得完美无缺。当著名的《哈利路亚》、《友谊天长地久》、《恩友歌》、《圣婴安睡》等名曲唱响时，原生态无拘无束的山歌合唱霎时间冲破教堂，几乎是喊叫般回荡在峡谷之中，却又无比和谐，这是乡民的赞美诗合唱，完全不同于正统的教堂唱诗班。笔者第一次感受到美声唱法或教堂合唱的作品可以用这种纯粹的方式来演绎，原生的嗓音配合在世代练习的四部和声中强烈冲击正统式训练的专业人，峡谷中的音响令人难忘。

带着脑海中存留的傈僳族基督教合唱音响，笔者第一次走进贡山天主教堂听见藏民诵经时感受到的是另外一种冲击。高亮的嗓音在藏族风格的滑音中吟出"玛利亚"、"耶稣"和"哈利路亚"，笔者霎时不知自己身在何处，当一千年前欧洲的拉丁素歌（格里高利圣咏）从藏民口中冲出，却又九曲回肠地萦绕颂唱时，笔者心中感受不知当如何用言语来形容。

基督教和天主教其教堂之间只有一江之隔甚至只有几步路的距离，但基督教徒和天主教徒的音乐状况差异却巨大。基督教会的传统是傈僳文无伴奏四部合唱，现在福音小诗歌也非常流行。这源于基督教欧美的"敬拜赞美"传统，简言之是流行乐队的形式唱流行风格的诗歌。这种形式到了傈僳族教会被有意思地改造：乐队形式基本没有变化，吉他非常受年轻人欢迎，但很多人不会使用吉他和弦演奏法，弹出来的音乐及音色完全不同，非常接近傈僳族的民间乐器"其布厄"（也称傈僳族琵琶）。边唱边跳的歌舞形式多用手语表达齐装上阵，也采用一些传统舞蹈的步伐。这些福音诗歌虽采用流行通俗和一些传统的手段方法，但全部表达宗教含义。教徒们在教堂内外和礼拜聚会时都可以表演，这种方式在偏僻的山区更能吸引年轻人。天主教会的传统是单声部的圣歌，除此之外没有任何形式与宗教相关的歌舞内容。节日欢庆时的民间歌舞都采用自唱自跳无电声的传统模式，亦在教堂之外举行与神圣无关。天主教更多保留了纯粹的本地民风民俗，但非常清楚地将其圣俗二分不与沾边。基督教将圣俗揉碎掺在一起，不介意用世俗手段表达神圣情感，因此它的场景更为活泼有趣。笔者在两边教会进行音乐培训时，感受到基督教的学生学习声部的能力很强，声音和谐度较高，对新鲜事物的好奇心领悟力较强。而天主教的学生学习声部较为困难，单旋律模仿能力较强。二个教会仅一街之隔且同宗同源，因着神学与传统的不同在音乐上的差异较大。

这里笔者仅展示这一现象，并不做深入探讨和价值判断，如果从保护传统的角度而言，当地天主教会的方式保存了更多纯粹的本民族传统，基督教会的方式使本民族传统几乎丧失殆尽。但从另一个角度而言，天主教的方式使得教会本身的发展陷于停滞的局面，而基督教的方式使本民族传统用另外一种方式发展起来成为一个新的传统，并使教会快速发展起来。很难说哪一个更宽容，哪一个更有传统，它们各自用不同的方式保留或发展自己文化的精髓，但这些亦是双刃剑，作为一个外人，笔者的意愿是期望它们能在各自认为的美好中继续发展下去。

附录一 先行研究之部分相关论文、著述及译著目录

史学类论文：

1. 方豪《路南夷族考察记行》方豪六十自定稿补编，台湾学生书局，1969年。

2. 徐铭《清末帝国主义在川边藏区的侵略活动》西南民族大学学报人文社科版，1980年2期 。

3. 李藏郁《17 至 18 世纪天主教传入西藏与西藏人民反洋教的斗争》民族研究论文集，四川省民族问题研究所编，1983年第1辑。

4. 曾文琼《清代我国西南藏区的反洋教斗争及其特点》西藏研究，1985年第4期。

5. 伍昆明《西方首批传教士进藏的活动和藏族人民的反抗斗争》民族研究，1985年第6期。

6. 朱解琳《帝国主义对藏区的文化侵略评述》西北民族研究，1986年创刊号。

7. 冉光荣《天主教"西康教区"述论》康定民族师范高等专科学校学报，1987年。

8. 房建昌《基督教在西藏传播小史》青海社会科学，1988年第2期。

9. 耿升《古伯察及其〈鞑靼西藏旅行纪〉》西北民族研究，1989第2期。

10. 王永红《略论天主教在西藏的早期活动》西藏研究，1989年第3期。

11. 房建昌《简论天主教在滇藏边境地区藏族中的传播》中国边疆史地研究，1989年4期。

12. 房建昌《西藏基督教史》（上、下）西藏研究，1990 年第 1-2 期。

13. 刘君《康区外国教会览析》西藏研究，1991 年第 1 期。

14. 秦和平《近代藏区天主教传播概述》中国藏学，1991 年第 1 期。

15. 伍昆明《古格土王对基督教的支援和僧人的对策》中国藏学，1991 年第 3 期。

16. 张学君《巴塘教案与清政府对西藏政策的变化》中国藏学，1992 年第 3 期。

17. 林俊华《帝国主义在康区的侵略活动》西藏研究，1992 年第 3 期。

18. 任真、韦川《十九世纪西方探险家、传教士在我国藏区的活动》甘肃民族研究，1992 年第 4 期。

19. 饶斯丹《在爱国主义旗帜下-康区藏族人民反对外来侵略维护祖国统一斗争略论》西南民族学院学报哲学社会科学版，1995 年第 1 期。

20. 王炎《梅玉林事件发生地实考》中国藏学，1996 年第 1 期。

21. 国庆《近代外国传教士在巴塘的活动》四川藏学论文集，中国藏学出版社，1997 年。

22. 潘发生《帝国主义在云南藏区的侵略活动》西藏研究，1997 年第 4 期。

23. 保罗、泽勇《盐井天主教史略》西藏研究，2000 年第 3 期。

24. 万明《西方跨越世界屋脊入藏第一人-以安德拉德葡文书信为中心的探析》中国藏学，2001 年第 3 期

25. 董莉英《天主教在西藏的传播 16-18 世纪及其影响-兼论中西文化的碰撞与交流》西藏大学学报，2004 年第 3 期。

26. 徐君《近代天主教在康区的传播探析》史林，2004 年第 3 期。

27. 许广智《试论西方殖民主义早期虽西藏的渗透及其侵略活动》西藏大学学报，2004 年第 3 期。

28. 杨健吾《基督教在四川藏族地区的传播》宗教学研究，2004 年第 3 期。

29. 泽拥《异质文化击撞下的新神话-从传教士个案看天主教与藏传佛教和汉传佛教的交往》西南民族大学学报人文社科版，2005 年第 6 期。

30. 邓前程《试论清末至民国康区外国教会》民国档案，2006 年第 3 期。

31. 保罗、觉安拉姆《近代盐井腊翁寺事件原因分析-兼论其相关问题》西藏研究，2006 年第 3 期。

32. 郭永虎《近代基督教在西藏的传播研究状况述评》宗教学研究，2006 年第 4 期。

33. 冯宪华、孔艳梅《近代来华传教士藏区传教失败原因探究》消费导刊，
2007 年第 6 期。

34. 尕藏加、德吉卓玛《藏区多元宗教共存之历史与现状》中国藏学，2008
第 2 期。

35. 刘锦涛、蓝琪《论基督教在西藏传播失败的原因》中国藏学，2008 第 2
期。

36. 刘锦涛、张箭《基督教传入西藏年代析》西藏研究，2008 年第 5 期。

37. 秦和平《近代天主教在川滇藏交界地区的传播-以藏彝走廊为视角》西南
民族大学学报人文社科版，2009 年 2 期 。

38. 吴成立《盐井纳西族的信仰变迁：社区认同的符号建构》康定民族师范
高等专科学校学报，2009 年第 2 期。

39. TERRES DE CONFINS, TERRES DE COLONISATION：*Essai sur les
Marches sino-tibétaines du Yunnan à travers l'implantation de la Mission du
Tibet*。Stéphane Gros, « *Terres de confins, terres de colonisation* », Péninsule
33, 1996 （2） .

音乐类论文：

1. 杨民康《云南少数民族基督教音乐文化初探》中国音乐学，1990 年第 4
期。

2. 杨民康《云南怒江傈僳族地区的基督教音乐文化》中央音乐学院学报，
1991 年第 4 期。

3. 杨民康《云南省瑞丽县登嘎寨景颇族基督教仪礼音乐调查报告》中国音
乐年鉴，1992 年。

4. 东丹干《关于苗族基督教歌谱之我见-与〈波拉苗谱与黔西北苗族〉的作
者、评介者商榷》贵州民族研究，1992 年第 3 期。

5. 赵晓楠《民族音乐中的天主教音乐-贾后疃村天主教音乐会调查》中国音
乐，1994 年第 2 期。

6. 徐名居《基督教灵歌中的家庭问题》兰州大学学报社会科学版，1995 年
第 4 期。

7. 南鸿雁《内蒙古中、西部天主教音乐的历史与现状》天津音乐学院学报，
2001 年第 4 期。

8. 吴少静、黄少枚《近代赞美诗（圣诗）音乐在福建的发展-中西音乐文化
交流的区域性研究》浙江艺术职业学院学报，2005 年第 2 期。

9. 南鸿雁《杭州天主教音乐文化略述》人民音乐，2005 年第 12 期。

10. 杨民康《云南上述民族基督教赞美诗的文字记谱法研究》音乐研究，2005 年第 3 期。

11. 杨民康《云南少数民族基督教赞美诗的五线谱和简谱记谱法研究》中国音乐，2006 年第 1 期。

12. 何明、吴晓《基督教音乐活动与艺术人类学阐析-以云南芭蕉菁苗族为个案》思想战线，2006 年第 4 期。

13. 南鸿雁《南京天主教音乐人文叙事》南京艺术学院学报，2006 年第 3 期。

14. 南鸿雁《沪宵杭地区的天主教音乐-民国时期相关仪式音乐与音乐文本的个案研究》南京艺术学院学报音乐与表演版，2007 年第 4 期。

15. 杨民康《〈圣经旧约〉中的犹太教圣殿祭祀音乐解析-兼涉与云南少数民族基督教仪式音乐的几点比较》黄钟-武汉音乐学院学报，2007 年第 1 期。

16. 葛大威《2006 年辽宁省基督教音乐调查报告》（上、下）金陵神学志，2007 年第 2、3 期。

17. 华慧娟《滇北苗族接受基督教赞美诗的原因初探》音乐天地，2007 年第 4 期。

18. 姜卓《谈哈尔滨基督教音乐》科技创新导报，2008 年第 11 期。

19. 孙晨荟《河北曲周地区基督教音乐个案调查-兼谈基督教音乐在乡村地区的本土化》神圣与越界-基督教文化学刊，2008 年第 19 辑，宗教文化出版社。

学位论文：

1. 周莉《近代山东天主教弥撒礼仪音乐考》中央音乐学院，1999 年音乐学专业硕士学位论文。

2. 周晶《兰州市基督教青年教会唱诗活动初步调查与研究》西北师范大学，2005 年音乐学专业硕士学位论文。

3. 冯锦涛《从国际礼拜堂看基督教音乐在上海》上海音乐学院，2005 年音乐学专业硕士学位论文。

4. 王秀缎《福州基督教会音乐与诗歌研究-以基督徒聚会处诗歌为个案》福建师范大学，2006 年宗教学专业硕士学位论文。

5. 王鑫《基督教（新教）圣诗音乐中国本色化探研》南京艺术学院，2006 年音乐学专业硕士论文。

6. 华慧娟《基督教赞美诗在滇北苗族地区的传播、演变与文化意义》西安音乐学院，2007 年音乐学专业硕士学位论文。

7. 南鸿雁《沪宵杭地区近现代天主教音乐考察研究》南京艺术学院，2007 年音乐学专业博士论文。

8. 李顺华《神圣化与基督徒的身份认同-以吕村基督教会圣诗班活动为切入点》北京大学，2007 年宗教学专业博士学位论文。

著述及译著：

1. 佘素《清季英国侵略西藏史》世界知识出版社，1959 年。

2. 四川省民族志编辑组《帝国主义对四川藏区的侵略，藏汉人民的反抗斗争》油印本，1966 年。

3. [英]黎吉生著，李有义译《西藏简史》中国社会科学院民研所，1979 年。

4. 周伟洲《英俄侵略我国西藏史略》陕西人民出版社，1984 年。

5. [法]古伯察著，耿升译《鞑靼西藏旅行记》中国藏学出版社，1991 年。

6. 伍昆明《早期传教士进藏活动史》中国藏学出版社，1992 年。

7. 杨公素《中国反对外国侵略者干涉西藏地方斗争史》中国藏学出版社，1992 年。

8. [法]蜜雪儿·泰勒《西方发现西藏史》（上）国外藏学研究译文集第 9 辑，西藏人民出版社，1992 年。

9. [法]蜜雪儿·泰勒《西方发现西藏史》（下）国外藏学研究译文集第 11 辑，西藏人民出版社，1994 年。

10. 迪庆州民委《迪庆藏族自治州宗教志》中国藏学出版社，1994 年。

11. [瑞士] 泰勒著，耿升译《发现西藏》中国藏学出版社，1998 年。

12. [法]布林努瓦著，耿升译《西藏的黄金和银币-历史、传说与演变》中国藏学出版社，1999 年。

13. [意]托斯卡诺著，伍昆明、区易炳译《魂牵雪域-西藏最早的天主教传教会》中国藏学出版社，1999 年。

14. H·R 大卫斯著，李安泰等译《云南：联结印度和扬子江的锁链-19 世纪一个英国人眼中的云南社会状况及民族风情》云南教育出版社，2000 年。

15. 怒族调查组编写《云南民族村寨调查-怒族-贡山丙中洛乡查腊社》云南大学出版社，2001 年。

16. 独龙族调查组编写《云南民族村寨调查-独龙族-贡山丙中洛乡小茶腊社》云南大学出版社，2001 年。

17. 郭素芹著译《永不磨灭的风景香格里拉-百年前一个法国探险家的回忆》云南人民出版社，2001 年。

18. [英]赫伯特·斯蒂文斯著，章汝雯等译《经深峡幽谷走进康藏-一个自然科学家经伊洛瓦底江到扬子江的游历》中国社会科学出版社、四川民族出版社，2002 年。

19. 黄建明、燕汉生编译《保禄·维亚尔文集-百年前的云南彝族》云南教育出版社，2003 年。

20. 刘鼎寅、韩军学《云南天主教史》云南大学出版社，2005 年。

21. 张兴荣《中国少数民族宗教音乐研究-云南卷》宗教文化出版社，2007 年。

22. 何林《阿怒人-同一屋檐下的不同宗教信仰》云南大学出版社，2008 年。

23. 杨民康《本土化与现代性-云南少数民族基督教仪式音乐研究》宗教文化出版社，2008 年。

24. 孙晨荟《天音北韵-华北地区天主教音乐研究》宗教文化出版社，2012 年。

25. 孙晨荟《谷中百合-傈僳族与大花苗基督教音乐文化研究》花木兰文化出版社，2015 年。

附录二 天主教与基督教（新教）圣经篇名对照表

两派之间的圣经篇名的中文译名不同，天主教圣经之旧约中多出的 7 卷，在基督教（新教）中被称为"次经"。

旧 约			
天主教译名	简 称	新教译名	简 称
创世纪	创	创世纪	创
出谷纪	出	出埃及记	出
肋未纪	肋	利未记	利
户籍纪	户	民数记	民
申命纪	申	申命记	申
若苏厄书	苏	乔舒亚记	书
民长纪	民	士师记	士
卢尔德传	卢	路得记	得
撒慕尔纪上	撒上	塞缪尔记上	撒上
撒慕尔纪下	撒下	塞缪尔记下	撒下
列王纪上	列上	列王记上	王上
列王纪下	列下	列王记下	王下
编年纪上	编上	历代志上	代上
编年纪下	编下	历代志下	代下
厄斯德拉上	厄上	以斯拉记	拉

厄斯德拉下（赫米雅）	厄下	尼赫迈亚记	尼
多俾亚传（多比传）	多	（无）	
友弟德传（犹滴传）	友	（无）	
艾斯德尔传	艾	以斯帖记	斯
玛加伯上（马加比传上）	加上	（无）	
玛加伯下（马加比传下）	加下	（无）	
乔布传	约	乔布记	伯
圣咏集	咏	诗篇	诗
箴言	箴	箴言	箴
训道篇	训	传道书	传
雅歌	歌	雅歌	歌
智慧篇（所罗门智训）	智	（无）	
德训篇（便西拉智训）	德	（无）	
依撒意亚	依	以赛亚书	赛
耶勒米亚	耶	杰里迈亚书	耶
哀歌	哀	杰里迈亚哀歌	哀
巴路克（巴录书）	巴	（无）	
厄则克耳	则	以西结书	结
达内尔	达	但以理书	但
欧瑟亚	欧	何西阿书	何
岳厄尔	岳	约珥书	珥
亚毛斯	亚	阿摩司书	摩
亚北底亚	北	俄巴底亚书	俄
约纳	纳	约拿书	拿
米该亚	米	弥迦书	弥
纳鸿	鸿	那鸿书	鸿
哈巴谷	哈	哈巴谷书	哈
索福尼亚	索	西番亚书	番
哈盖	盖	哈该书	该
匝加利亚	匝	撒迦利亚书	亚
玛拉基亚	拉	马拉基书	玛

新 约			
玛窦福音	玛	马太福音	太
马尔谷福音	谷	马可福音	可
路加福音	路	路加福音	路
若望福音	若	约翰福音	约
宗徒大事录	宗	使徒行传	徒
罗马书（圣保禄致罗马人书）	罗	罗马人书	罗
格林多前书（格林多人一书）	格前	格林多前书	林前
格林多后书（格林多人二书）	格后	格林多后书	林后
迦拉达书（加拉达人书）	迦	加拉太书	加
厄弗所书（厄弗所人书）	弗	以弗所书	弗
斐理伯书（斐理伯人书）	斐	腓立比书	腓
哥罗森书（格罗森人书）	哥	歌罗西书	西
得撒洛尼前书（德撒洛尼一书）	得前	帖撒罗尼迦前书	帖前
得撒洛尼后书（德撒洛尼二书）	得后	帖撒罗尼迦前书	帖后
弟茂德前书（弟茂德一书）	弟前	提摩太前书	提前
弟茂德后书（弟茂德二书）	弟后	提摩太后书	提后
弟铎书	铎	提多书	多
费肋孟书（费赖孟书）	费	腓利门书	门
希伯来书（希伯来人书）	希	希伯来书	来
伯多禄前书（伯多禄一书）	伯前	彼得前书	彼前
伯多禄后书（伯多禄二书）	伯后	彼得后书	彼后
若望一书	若一	约翰一书	约一
若望二书	若二	约翰二书	约二
若望三书	若三	约翰三书	约三
犹达书（如达书）	犹	犹大书	犹
若望默示录	默	启示录	启

附录三　藏文圣歌谱本歌词
参考译本（常用版）

NO1. Asperges me（拉）复活期外洒圣水

至慈悲的天主，请允许我忏悔我们的罪过。
你用瓶子里的水洗我，我就白过雪。
在弥撒中，我们将信德望德爱德奉献给你。
我们跟神父一起，把祭品奉献给天主。

NO2. Veni Creator（拉）求造物主圣神降临

求造物主圣神降临，眷顾祢的信众之心，
使祢所造的众灵魂，充满上天圣宠甘霖。
祢被尊为安慰之神，至高天主特殊宠恩，
祢是活泉神火圣爱，众善灵的圣德馥芬。
祢是七神恩的施主，全能圣父坚强右臂，
祢是圣父慨然许诺，作我喉舌导我言语。
求光照我三司五官，以祢圣爱充我心灵，
更以祢的超人力量，坚我积弱补我诸短。
驱逐敌仇悉使远遁，惠赐我们诸事平顺，
俾能避免诸般危害，赖祢领导安稳前进。
使能藉祢获识圣父，与其唯一所生圣子，

祢是父子共发之神，我虔信祢毕生不渝。
但愿至尊天主圣父，死而复活天主圣子，
偕同施慰天主圣神，获享光荣万世无已。
亚孟。

NO3. Ave Maris Stella（拉）万福光耀海星

万福光耀海星	至尊天主圣母	且又卒世童贞	福哉天堂宝门
天神自天降临	称颂万福尊名	博施世人安宁	永偿夏娃罪行
尽解犯人之梏	开启瞽者复明	削去我诸凶恶	祈加我众圣宠
请尔示为我母	为我罪人降世	得为尔之爱子	由尔为我转祈
卓哉无损童贞	诸德超出众人	使我脱免诸恶	效尔贞洁慈仁
赐我一生洁净	稳行天堂道路	得见吾主耶稣	享受永远真福
称颂归于圣父	光荣归于圣子	圣父圣子圣神	三位一体同尊

NO4. Ave verum（拉）圣体颂

真而又真，可信可钦，此即耶稣之圣身。
伊昔降生，生于童贞，末了为人将命倾。
身受毒鞭，头戴茨冠，手足横架被钉穿。
圣心刺透，血水齐流，沐我饮我恩德周。
领：吁甘饴耶稣！
众：吁仁爱耶稣！
领：吁耶稣！玛利亚之子！

NO5. Cantique au Sacré-Cœur（法）耶稣圣心赞歌

1、上天诸圣在天享福乐，现我们痛苦的人间如何才能得到耶稣圣心的降福。
   吁耶稣圣心
2、耶稣圣心尊威的圣心，今在你面前我们的心奉献于台前，我们发誓永远爱你。
   吁耶稣圣心
3、救主耶稣，你是天地的大君王，仁慈的圣心，天堂的光荣，求你和我们永远在一起。

吁耶稣圣心

4、在有良善宽仁的地方完全是圣心给我们的恩宠，依靠圣心，求你照你的心愿成就我们。

吁耶稣圣心

5、像母亲怀抱爱子一样，让我们投入他的怀抱里，受到诱惑的时刻给我们抵御的力量，保护我们。

吁耶稣圣心

6、天主是仁慈的圣父耶稣怎么会不帮我们呢，圣心爱我们受苦忍痛并伤透了圣心。

吁耶稣圣心

7、我们痛苦的心奉献给你，你力尽种种苦难，为迷途的人显示了你的慈爱保护贫苦的人及全天下。

吁耶稣圣心

8、依靠耶稣圣心，让我们分清黑暗与光明，引领我们进入乐土分享幸福，免去我们的罪罚。

吁耶稣圣心

9、可敬的耶稣圣心是海洋中的救星，爱像海浪一样，不但洗尽我们的罪，还给我们恩惠。

吁耶稣圣心

10、可爱的耶稣圣心，人类的善牧，你取了人性，甘愿下降尘世受苦受难拯救世人，如此大爱。

吁耶稣圣心

11、耶稣圣心是我们的依靠，是希望的力量，摧毁了死亡的权利，有你同在我们还惧怕什么。

吁耶稣圣心

12、耶稣圣心是我们恩宠的来源，我们赞美你、感谢你，我们的身心灵一切奉献给你。

吁耶稣圣心

13、诸天圣人之欢乐，同瞻仰，耶稣圣心爱人情真饱受凌辱。圣心无限尊贵奉献给你。

吁耶稣圣心

14、你是仁爱之王，求你爱火长赐让我们燃起爱之火焚化冰冷的世界。

吁耶稣圣心

15、求你在异教的藏区，在魔掌奴役中解除束缚，从黑暗中引导他们进入光明的道路。

吁耶稣圣心

NO6. Miserere（拉）主啊，怜悯我–圣咏51篇

第五十一篇　认罪忏悔

（达味诗歌，交与乐官。作于纳堂先知前来指责他与巴特舍巴犯奸之后。）

天主，求你按照你的仁慈怜悯我，依你丰厚的慈爱，消灭我的罪恶。

求你把我的过犯洗尽，求你把我的罪恶除净，

因为我认清了我的过犯，我的罪恶常在我的眼前。

我得罪了你，惟独得罪了你，因为我作了你视为恶的事；

因此，在你的判决上，显出你的公义，在你的断案上，显出你的正直。

是的，我自出世便染上了罪恶，我的母亲在罪恶中怀孕了我。

你既然喜爱那出自内心的诚实，求在我心的深处教我认识智慧。

求你以牛膝草洒我，使我皎洁，求你洗涤我，使我比雪还要白。

求你赐我听见快慰和喜乐，使你粉碎的骨骸重新欢跃。

求你掩面别看我的罪过，求你除掉我的一切罪恶。

天主，求你给我再造一颗纯洁的心，求你使我心重获坚固的精神。

求你不要从你的面前把我抛弃，不要从我身上将你的圣神收回。

求你使我重获你救恩的喜乐，求你以慷慨的精神来扶持我。

我要给恶人教导你的道路，罪人们都要回头，向你奔赴。

天主，我的救主，求你免我血债，我的舌头必要歌颂你的慈爱。

我主，求你开启我的口唇，我要亲口宣扬你的光荣。

因为你既然不喜悦祭献，我献全燔祭，你也不喜欢。

天主，我的祭献就是这痛悔的精神，天主，你不轻看痛悔和谦卑的赤心。

上主，求你以慈爱恩待熙雍，求你重修耶路撒冷城。

那时你必悦纳合法之祭，牺牲和全燔祭献；

那时，人们也必要把牛犊奉献于你的祭坛。

NO7. Dies irae（拉）公审判词

震怒之日　神奇号声　赫赫君王　求你垂怜　受判之徒　爱怜颂

戴维和希比拉作证；尘寰将在烈火中熔化，那日子才是天主震怒之日，

审判者未来驾临时，一切都要详加盘问，严格清算，我将如何战栗！

号角响彻四方，墓穴中的已死众生，都将被逼走向主的台前。

受造的都要复苏。

答复主的审讯，死亡和万象都要惊惶失措。展开记录功过的簿册，

罪无巨细，无一或遗，举世人类都将据此裁判。

当审判者坐定后，一切隐秘都将暴露，无一罪行可逃遭罚。

可怜的我，那时将说什么呢？义人不能安心自保，我还向谁去求庇护？

威严赫赫的君主，你救了你所预简的，完全出于你白白的恩赐！

仁慈的源泉，请你救我。

慈悲的耶稣，请你怀念，你曾为我降来人间，到了那天，勿殄灭我。

你为觅我，受尽辛劳；又为救我，被钉死于十字架上。

但愿这些苦难，并不付诸东流。

报应的审判者是公正的，愿在清算的期限前，恩赐宽恕我的罪愆。

我如囚犯，声声长叹，因我有罪，满面羞惭；天主！恳求你，饶恕我吧！

你曾救免了玛利亚-玛达雷娜，你又怜恤了右盗，求你也给我一线希望。

我的祷告固不足取；但你是慈善的，请你包涵，勿使我堕入永火。

请你使我侧身绵羊群内，使我能脱离山羊，请将我列于你右翼之中。

你使该受指责的人羞惭无地，又将他们投入烈火，请你招我，

与应受祝福的人为伍。

我五体投地向你哀求，我痛心懊悔，心如死灰。求你照顾我的生死关头。

这是可痛哭的日子，死人要从尘埃中复活，罪人要被判处。

然而天主啊！求你予以宽赦。

主！仁慈耶稣！求你赐他们以安息。阿门。

NO8. De Profundis（拉）哀悼经/自深处-圣咏130篇

第一三〇篇　由深渊呼主吟　登圣殿歌

　1 上主我由深渊向你呼号，

　2 我主，求你俯听我的呼号，求你侧耳俯听我的哀祷！

3 上主，你若细察我的罪辜，我主！有谁还能站立得住？

4 可是，你以宽恕为怀，令人对你起敬起爱。

5 我仰赖上主，我灵期待他的圣言；

6 我灵等候我主，切于更夫的待旦，

7 请以色列仰赖上主，应切于更夫待旦，因为上主富于仁慈，他必定慷慨救援。

8 他必要拯救以色列人，脱离一切所有的罪根。

NO9. Adoro te（拉）我今虔诚朝拜你（5 段）

1 耶稣救主君王我们朝拜你，你是天上真主我们称颂你。
全能上主降临普施褚恩宠，你作亚当子孙为把救恩赐。

2 耶稣我感谢你赐我此神粮，你在这旅途上养活着我们。
我们共享奥秘常与你契合，愿为你的圣名奉献我辛勤。

3 耶稣我的长兄请听我祈求，藉此神奇圣筵偕你常一起。
使我一心一意以爱报你爱，直至天乡福地与你永匆离。

4 光荣复活的主我们称谢你，你常活我心里我活在你内。
我们是你妙身你我更一体，凭着神妙圣契百世享天慰。

5 万岁降生救主生于贞母胎，伟哉不朽威能复活自墓内。
赐我常梦你佑分享你胜利，请勿弃我卑陋常作你圣宫。

NO10. Adoremus in aeternum（拉）永远朝拜

众：我们大家永远朝拜，永远朝拜至圣圣体。

领：列国万民请赞美上主，一切民族请歌颂上主。

众：我们大家永远朝拜，永远朝拜至圣圣体。

领：因为他的仁爱厚加于我们，上主的忠诚必要永远长存。

众：我们大家永远朝拜，永远朝拜至圣圣体。

领：天主圣父天主圣子，天主圣神吾愿其获光荣。

众：我们大家永远朝拜，永远朝拜至圣圣体。

领：起初如何今日依然以至永远，及世之世于无穷之世。

众：我们大家永远朝拜，永远朝拜至圣圣体。

NO11. Te Deum（拉）感恩赞

天主，我们赞美你；上主，我们颂扬你；永生之父，万物敬拜你。

所有的天使，和天上的大能者，普智天使，炽爱天使不停地欢呼：

圣、圣、圣、上主，大能的天主，你的荣耀充满天地。

众使徒歌颂你的光荣，众先知宣扬你的德能，众殉道者却为你作证。

普世教会也向你歌唱，你是大父，无限尊威，你的唯一真子，

令人敬爱，你的圣神赐人安慰。

基督，光荣的君王，你永远是父的爱子，你为了拯救人类，

甘愿生于贞女，降凡尘世。

你为世人征服了死亡，为信众重启天国之门，你坐在天父之右，

享受光荣，你还要再度降来，审判万民。

你用宝血赎回了子民，恳求你常常保佑他们，使我们参加诸圣的行列，

分享你永恒的光荣。

上主，求你拯救你的子民，降福他们，他们是你的羊群，

求你作他们的牧者，护佑他们，直到永远。

我们赞美你，日夜不停，世世代代颂扬你的圣名，

求你今天保护我们清洁无罪，

上主，求你垂怜我们，垂怜我们。上主，我们依赖你的宽仁，

恳求你对我们广施慈恩；

上主，你是我们的仰仗，勿使我们永久蒙羞失望。

NO12. Cantique de Noël（法）耶稣圣诞歌

启：圣婴诞生白冷兮。	应：白冷兮。	启：从此欢乐诸信友。	应：阿肋路亚。阿肋路亚。
欢乐上天天神兮。	天神兮。	欣声歌颂真主怡。	阿肋路亚。阿肋路亚。
福音预报牧童兮。	牧童兮。	救主纯神服躯里。	阿肋路亚。阿肋路亚。
襁褓置于马槽兮。	马槽兮。	其王阙治无边际。	阿肋路亚。阿肋路亚。
牧童踊趋见礼兮。	见牛吩。	堪奉诚衷不虚谊。	阿肋路亚。阿肋路亚。
（跪）申恭叩拜耶稣兮。	耶稣兮。	连蠢驴牛知伏地。	阿肋路亚。阿肋路亚。
艳艳怡颜圣婴兮。	圣婴兮。	惟纯惟朴是所喜。	阿肋路亚。阿肋路亚。
异星从天显示兮。	显示兮。	皇皇急步三圣王。	阿肋路亚。阿肋路亚。
离朝弃国圣王兮。	圣王兮。	舍己忘劳为主觅。	阿肋路亚。阿肋路亚。

（跪）匍匐钦崇献贡兮。	献贡兮。	黄金乳香没药仪。	阿肋路亚。阿肋路亚。
圣婴欣欣祝圣兮。	祝圣兮。	雅意三王荷宠兮。	阿肋路亚。阿肋路亚。
我堪何物奉献兮。	奉献兮。	幸获卑微中主意。	阿肋路亚。阿肋路亚。
至哉耶稣可爱兮。	可爱兮。	且也常钦至善谊。	阿肋路亚。阿肋路亚。
卑污心身极贱兮。	极贱兮。	兼我所有统献兮。	阿肋路亚。阿肋路亚。
至圣圣哉圣主兮。	圣主兮。	俯望垂怜慈目视。	阿肋路亚。阿肋路亚。
久望救主果至兮。	果至兮。	好欢跃。	咏歌兮。
荣光圣三共一体。	荣光圣三共一体。		
永生永王于永世。	阿肋路亚。阿肋路亚。		
阿肋路亚可踊兮。	阿肋路亚可踊兮。		

NO13. O filii et filiae（拉）耶稣复活歌

亚肋路亚，亚肋路亚，亚肋路亚。

天主子女喜若狂，天上之君光荣王，今日已成复活郎。亚肋路亚。
主日清晨露曙光，坟墓石门移偏方，门徒进入现惊慌。亚肋路亚。
马达肋纳哭主殁，雅格母亲撒罗茉，尊敬盼将遗体抹。亚肋路亚。
白衣天使做墓堂，预告妇女勿彷徨，加里肋亚主已往。亚肋路亚。
若望宗徒闻讯音，偕伯多禄齐飞奔，先抵墓园堂未登。亚肋路亚。
多默宗徒曾听闻，主已复活显神能，持续怀疑蔽阴云。亚肋路亚。
多默敬请肋旁看，脚踝手腕慎查案，不做无信鲁莽汉。亚肋路亚。
多默探索主肋骨，手足检查怕疏忽，吾主天主宣信德。亚肋路亚。
未见而信真幸福，坚固信服心满足，永生生命已捕捉。亚肋路亚。
至圣节日今庆贺，颂谢欢愉齐唱和，赞美上主勿懒惰。亚肋路亚。
我等因此更谦卑，有责奉献虔敬技，感谢天主声四起。亚肋路亚。

NO14. Magnificat（拉）圣母尊主颂

我的灵魂颂扬上主，
我的心神欢跃于天主，我的救主，
因为他垂顾了他婢女的卑微，今后万世万代都要称我有福；
因全能者在我身上行了大事，他的名字是圣的，
他的仁慈世世代代于无穷世，赐于敬畏他的人。

他伸出了手臂施展大能，驱散那些心高气傲的人。

他从高座上推下权势者，却举扬了卑微贫困的人。

他曾使饥饿者饱飨美物，反使那富有者空手而去。

他曾回忆起自己的仁慈，扶助了他的仆人以色列，

正如他向我们的祖先所说过的恩许，施恩于亚巴郎和他的子孙，直到永远。

NO15. O gloriosa Virginum（拉）吁圣母童贞之光荣

吁圣母童贞之光荣，满天星辰你最光明；

你以你纯洁的胸乳，养育了造你的小圣婴。

原祖母不幸丢失的，你藉全能的圣子归回；

为了使涕者入天国，你开启了天门之锁。

你是那最高王之门，又为万丈光芒宫廷；

被救者万民齐欢庆，由童贞女给予的生命。

荣归于耶稣我等主，生于玛利亚之童身；

偕同父及施慰圣神，万世万代于无穷。阿门！

NO16. Misèricordieuse　mère-invocation　ordinaire（法）慈悲圣母

圣母玛利亚你是罪人之托，

请你为我们祈祷。

耶稣我们赞美你。

NO17. Regina caeli laetare（拉）天后喜乐

启：天上母后欢乐吧	应：阿肋路亚
启：因为您亲生的爱子	应：阿肋路亚
启：正如他所预言已经复活了	应：阿肋路亚
启：请为我们祈求天主	应：阿肋路亚
启：童贞玛利亚欢乐吧	应：阿肋路亚
启：因为主真复活了	应：阿肋路亚
启：因为主确实复活了	应：阿肋路亚

合：请大家祈祷，天主你的圣子耶稣基督，我们主已经复活，天下万民
　　踊跃欢腾，恳求你因童贞圣母玛利亚的转求，赐我们分享永生的喜
　　乐。因我们的主基督。阿们。

NO18. Stabat mater（拉）圣母痛苦/圣母悼歌

（领）　1　圣子高悬十字架上，慈母凄悲危立其傍，举目仰视泪流长。

（众）　2　其灵其神忧闷长吟，心中悲伤何如其深，真如利刃刺透心。

（领）　3　独子之母殊福之女，忧闷痛楚谁堪比汝，呜呼哀哉不能语。

（众）　4　荣光之子如是痛创，仁慈主母见之凄怆，悠哉悠哉痛久长。

（领）　5　耶稣基督可爱之母，如是惨伤居之幽谷，使能见之不同哭。

（众）　6　圣母在旁仰瞻耶稣，母子心连同伤同忧，谁能见之不同愁。

（领）　7　为救其民愿舍己身，见子耶稣受尽艰辛，被罚重鞭痛欲昏。

（众）　8　见其爱子为人所弃，发声长叹断送其气，为之娘者痛出涕。

（领）　9　吁嗟母兮热爱之泉，赐我觉得痛苦无边，偕尔同悼泪涟涟。

（众）10　赐我心中热爱炎炎，爱主耶稣披示心肝，悦乐天主至尊颜。

（领）11　至圣母兮求赐忠枕，将主五伤深刻吾心，终身宝之爱且钦。

（众）12　尔子耶稣为我福源，为我受苦我心难安，愿分其苦我心欢。

（领）13　赏我一生与尔同悲，尔子被钉救我于危，同苦同忧永不谖。

（众）14　愿偕我母侍立架旁，分受忧苦合尔同伤，哀鸣悲痛泪成行。

（领）15　童贞圣母女中淑媛，勿常忧痛勿自伤残，今我与尔泪潸潸。

（众）16　赏我偕主同患同忧，负其死痛分其苦愁，念念在心永无休。

（领）17　吾主受苦使我断肠，求主苦架放我肩膀，圣子宝血使我尝。

（众）18　日后审判我甚凛然，童贞圣母慈爱无边，救免永狱火中煎。

（领）19　耶稣基督于我死后，令尔慈母为我转求，得胜归天戴冕旒。

（众）20　临终之时吉凶攸关，赏我灵魂得升于天，享主荣福亿万年。

NO19. Litanies du St. nom de Jésus（法）耶稣圣名祷文

启：天主矜怜我等	应：基利斯督矜怜我等
	天主矜怜我等
启：耶稣俯听我等	应：耶稣垂允我等
启：在天天主父者	应：矜怜我等
启：赎世天主子者	应：矜怜我等
启：圣神天主者	应：矜怜我等
启：三位一体天主者	应：矜怜我等
启：耶稣真天主子者	应：矜怜我等

启：耶稣圣父之光美者　　　　　　　应：矜怜我等

启：耶稣永光之耀者　　　　　　　　应：矜怜我等

启：耶稣荣福之帝者　　　　　　　　应：矜怜我等

启：耶稣义德之日者　　　　　　　　应：矜怜我等

启：耶稣童贞玛利亚之子者　　　　　应：矜怜我等

启：耶稣宜爱者　　　　　　　　　　应：矜怜我等

启：耶稣奇妙者　　　　　　　　　　应：矜怜我等

启：耶稣至毅之天主者　　　　　　　应：矜怜我等

启：耶稣后世之父者　　　　　　　　应：矜怜我等

启：耶稣宏谋之宗师者　　　　　　　应：矜怜我等

启：耶稣至能者　　　　　　　　　　应：矜怜我等

启：耶稣极忍耐者　　　　　　　　　应：矜怜我等

启：耶稣极听命者　　　　　　　　　应：矜怜我等

启：耶稣良善而心谦者　　　　　　　应：矜怜我等

启：耶稣爱洁德者　　　　　　　　　应：矜怜我等

启：耶稣极爱吾人者　　　　　　　　应：矜怜我等

启：耶稣安和之主者　　　　　　　　应：矜怜我等

启：耶稣常生之源者　　　　　　　　应：矜怜我等

启：耶稣诸德之表者　　　　　　　　应：矜怜我等

启：耶稣最热切救人灵魂者　　　　　应：矜怜我等

启：耶稣吾天主者　　　　　　　　　应：矜怜我等

启：耶稣我等庇佑者　　　　　　　　应：矜怜我等

启：耶稣贫穷之父者　　　　　　　　应：矜怜我等

启：耶稣诸信者之真宝者　　　　　　应：矜怜我等

启：耶稣善牧者　　　　　　　　　　应：矜怜我等

启：耶稣真光者　　　　　　　　　　应：矜怜我等

启：耶稣永远上智者　　　　　　　　应：矜怜我等

启：耶稣无穷善德者　　　　　　　　应：矜怜我等

启：耶稣吾侪之真道吾侪之生活者　　应：矜怜我等

启：耶稣天神之乐者　　　　　　　　应：矜怜我等

启：耶稣古祖之皇者　　　　　　　　应：矜怜我等

启：耶稣宗徒之师者　　　　　　　应：矜怜我等

启：耶稣圣史之明师者　　　　　　应：矜怜我等

启：耶稣诸致命之毅者　　　　　　应：矜怜我等

启：耶稣诸精修之光者　　　　　　应：矜怜我等

启：耶稣诸童身之洁德者　　　　　应：矜怜我等

启：耶稣诸圣人之冠者　　　　　　应：矜怜我等

启：望耶稣垂怜　　　　　　　　　应：耶稣赦我等

启：望耶稣垂怜　　　　　　　　　应：耶稣允我等

启：于诸凶恶　　　　　　　　　　应：耶稣救我等

启：于诸罪过　　　　　　　　　　应：耶稣救我等

启：于主义怒　　　　　　　　　　应：耶稣救我等

启：于魔隐计　　　　　　　　　　应：耶稣救我等

启：于邪淫之魔　　　　　　　　　应：耶稣救我等

启：于永死　　　　　　　　　　　应：耶稣救我等

启：于怠惰疏忽主提佑　　　　　　应：耶稣救我等

启：为主降生之奥理　　　　　　　应：耶稣救我等

启：为主圣诞　　　　　　　　　　应：耶稣救我等

启：为主圣婴时　　　　　　　　　应：耶稣救我等

启：为主平居生活显圣性之奥理　　应：耶稣救我等

启：为主诸苦劳　　　　　　　　　应：耶稣救我等

启：为主忧闷至死及主受难　　　　应：耶稣救我等

启：为主十字架及被弃之苦　　　　应：耶稣救我等

启：为主患难　　　　　　　　　　应：耶稣救我等

启：为主死且葬　　　　　　　　　应：耶稣救我等

启：为主圣复活　　　　　　　　　应：耶稣救我等

启：为主灵奇之升天　　　　　　　应：耶稣救我等

启：为主建定圣体　　　　　　　　应：耶稣救我等

启：为主欣乐　　　　　　　　　　应：耶稣救我等

启：为主荣福　　　　　　　　　　应：耶稣救我等

启：除免世罪天主羔羊者　　　　　应：耶稣赦我等

启：除免世罪天主羔羊者　　　　　应：耶稣允我等

启：除免世罪天主羔羊者　　　　　　　应：耶稣怜我等

启：耶稣俯听我等　　　　　　　　　　应：耶稣垂允我等

　　请众同祷。吾主耶稣。基利斯督。尔昔有言曰。人求则授。人寻则得。人叩门则开。今求主赐我。尔至圣爱之情。使我等能以心以口以行爱慕尔。及时刻不断赞扬尔。为尔偕父偕圣神。惟一天主。乃生乃王世世。阿门。

　　请众同祷。天主既俾教众。爱慕耶稣。基利斯督。尔子吾主之圣名。并俾魔畏圣名。恳主赐诚敬圣名者。存获安宁。殁享永福于天。为吾主耶稣。基利斯督。阿门。

NO20. Litanies de La Ste. Vierge（法）圣母德叙祷文

启：天主矜怜我等　　　　　　　　　　应：基利斯督矜怜我等

　　　　　　　　　　　　　　　　　　　　天主矜怜我等

启：基利斯督俯听我等　　　　　　　　应：基利斯督垂允我等

启：在天天主父者　　　　　　　　　　应：矜怜我等

启：赎世天主子者　　　　　　　　　　应：矜怜我等

启：圣神天主者　　　　　　　　　　　应：矜怜我等

启：三位一体天主者　　　　　　　　　应：矜怜我等

启：圣玛利亚　　　　　　　　　　　　应：为我等祈

启：天主圣母　　　　　　　　　　　　应：为我等祈

启：童身之圣童身者　　　　　　　　　应：为我等祈

启：基利斯督之母　　　　　　　　　　应：为我等祈

启：天主宠爱之母　　　　　　　　　　应：为我等祈

启：至洁之母　　　　　　　　　　　　应：为我等祈

启：至贞之母　　　　　　　　　　　　应：为我等祈

启：无损者母　　　　　　　　　　　　应：为我等祈

启：无玷者母　　　　　　　　　　　　应：为我等祈

启：可爱者母　　　　　　　　　　　　应：为我等祈

启：可奇者母　　　　　　　　　　　　应：为我等祈

启：善导之母　　　　　　　　　　　　应：为我等祈

启：造物之母　　　　　　　　　　　　应：为我等祈

启：救世之母　　　　　　　　　　　　应：为我等祈

启：极智者贞女　　　　　　　　应：为我等祈

启：可敬者贞女　　　　　　　　应：为我等祈

启：可颂者贞女　　　　　　　　应：为我等祈

启：大能者贞女　　　　　　　　应：为我等祈

启：宽仁者贞女　　　　　　　　应：为我等祈

启：大忠者贞女　　　　　　　　应：为我等祈

启：义德之镜　　　　　　　　　应：为我等祈

启：上智之座　　　　　　　　　应：为我等祈

启：吾乐之缘　　　　　　　　　应：为我等祈

启：妙神之器　　　　　　　　　应：为我等祈

启：可崇之器　　　　　　　　　应：为我等祈

启：圣情大器　　　　　　　　　应：为我等祈

启：玄义玫瑰　　　　　　　　　应：为我等祈

启：达味敌楼　　　　　　　　　应：为我等祈

启：象牙宝塔　　　　　　　　　应：为我等祈

启：黄金之殿　　　　　　　　　应：为我等祈

启：结约之柜　　　　　　　　　应：为我等祈

启：上天之门　　　　　　　　　应：为我等祈

启：晓明之星　　　　　　　　　应：为我等祈

启：病人之痊　　　　　　　　　应：为我等祈

启：罪人之托　　　　　　　　　应：为我等祈

启：忧苦之慰　　　　　　　　　应：为我等祈

启：进教之佑　　　　　　　　　应：为我等祈

启：诸天神之后　　　　　　　　应：为我等祈

启：诸圣祖之后　　　　　　　　应：为我等祈

启：诸先知之后　　　　　　　　应：为我等祈

启：诸宗徒之后　　　　　　　　应：为我等祈

启：诸为义致命之后　　　　　　应：为我等祈

启：诸精修之后　　　　　　　　应：为我等祈

启：诸童身之后　　　　　　　　应：为我等祈

启：诸圣人之后　　　　　　　　应：为我等祈

启：无染原罪始胎之后	应：为我等祈
启：荣召升天之后	应：为我等祈
启：至圣玫瑰之后	应：为我等祈
启：安和之后	应：为我等祈
启：除免世罪天主羔羊者	应：主赦我等
启：除免世罪天主羔羊者	应：主允我等
启：除免世罪天主羔羊者	应：主怜我等
启：天神来报圣母玛利亚	应：乃因圣神受孕

请众同祷。恳祈天主。以尔圣宠。赋于我等灵魂。俾我凡由天神之报。已知尔子耶稣降孕者。因其苦难。及其十字圣架。幸迨于复生之荣福。亦为是我等主。基利斯督。阿门。天主洪佑。永与我等偕焉。阿门。

NO21. Litanies de St. Joseph（法）圣若瑟祷文

启：天主矜怜我等	应：基督斯督矜怜我等
	天主矜怜我等
启：基利斯督俯听我等	应：基利斯督垂允我等
启：在天天主父者	应：矜怜我等
启：赎世天主子者	应：矜怜我等
启：圣神天主者	应：矜怜我等
启：三位一体天主者	应：矜怜我等
启：圣玛利亚	应：为我等祈
启：圣若瑟	应：为我等祈
启：若瑟达味之名裔	应：为我等祈
启：古圣祖之光辉	应：为我等祈
启：天主圣母之净配	应：为我等祈
启：圣母童贞清洁之护卫	应：为我等祈
启：鞠养天主子者	应：为我等祈
启：勤卫基利斯督者	应：为我等祈
启：圣家之尊长	应：为我等祈
启：若瑟极义者	应：为我等祈
启：若瑟至洁者	应：为我等祈

启：若瑟极智者	应：为我等祈
启：若瑟极勇者	应：为我等祈
启：若瑟极听命者	应：为我等祈
启：若瑟极忠信者	应：为我等祈
启：忍耐之明镜	应：为我等祈
启：钟爱神贫者	应：为我等祈
启：艺人之表率	应：为我等祈
启：家居之徽美	应：为我等祈
启：童贞者之保护	应：为我等祈
启：室家之砥柱	应：为我等祈
启：苦者之安慰	应：为我等祈
启：病者之希望	应：为我等祈
启：临终者之主保	应：为我等祈
启：邪魔之惊惧	应：为我等祈
启：圣而公会之保障	应：为我等祈
启：除免世罪天主羔羊者	应：主赦我等
启：除免世罪天主羔羊者	应：主允我等
启：除免世罪天主羔羊者	应：主怜我等
启：天主特立之家臣	应：掌其一切所有者

请众同祷。天主。因尔无可名言之照顾。特简真福若瑟。为尔圣母之净配。恳赐我等。在世敬彼为主保者。得其在天之转达。乃尔偕圣父。及圣神。惟一天主。乃生乃王世世。阿门。

请众同祷。至仁至能者天主。惟主预简义人达味之裔。圣若瑟。为童贞圣母玛利亚之净配。复选伊为鞠养耶稣者。祈主为彼勋劳。俾圣而公会。乐享太平。并赐我等。咸受永照之安慰。阿门。

NO22. Litanies du Sacré-Cœur（法）耶稣圣心祷文

启：天主矜怜我等	应：基利斯督矜怜我等
	天主矜怜我等
启：基利斯督俯听我等	应：基利斯督垂允我等
启：在天天主父者	应：矜怜我等

启：赎世天主子者	应：矜怜我等
启：圣神天主者	应：矜怜我等
启：三位一体天主者	应：矜怜我等
启：无始圣父之子耶稣之圣心	应：矜怜我等
启：耶稣圣心圣神所成于贞母胎中者	应：矜怜我等
启：耶稣圣心全体合于天主圣言者	应：矜怜我等
启：耶稣圣心无限尊威者	应：矜怜我等
启：耶稣圣心为天主之圣殿	应：矜怜我等
启：耶稣圣心为至上者之慕府	应：矜怜我等
启：耶稣圣心为天主之宫上天之门	应：矜怜我等
启：耶稣圣心为爱火之烈窑	应：矜怜我等
启：耶稣圣心为义德慈爱之总汇	应：矜怜我等
启：耶稣圣心充满慈善仁爱者	应：矜怜我等
启：耶稣圣心为诸德之渊	应：矜怜我等
启：耶稣圣心最宜赞颂者	应：矜怜我等
启：耶稣圣心为众心之王众心之向者	应：矜怜我等
启：耶稣圣心为上智神明诸宝藏之所在	应：矜怜我等
启：耶稣圣心为主性全备之所居	应：矜怜我等
启：耶稣圣心为圣父所欣悦者	应：矜怜我等
启：耶稣圣心我等咸受其盈余	应：矜怜我等
启：耶稣圣心为永远山陵之仰望	应：矜怜我等
启：耶稣圣心最忍耐慈悲者	应：矜怜我等
启：耶稣圣心富有以赐祷尔者	应：矜怜我等
启：耶稣圣心为神命圣德之源	应：矜怜我等
启：耶稣圣心为我等罪恶之补赎	应：矜怜我等
启：耶稣圣心饱受凌辱者	应：矜怜我等
启：耶稣圣心为我等罪恶伤残者	应：矜怜我等
启：耶稣圣心至死顺命者	应：矜怜我等
启：耶稣圣心为长矛所刺透者	应：矜怜我等
启：耶稣圣心为诸欣慰之泉	应：矜怜我等
启：耶稣圣心为我等之生命复活	应：矜怜我等

启：耶稣圣心为我等之安乐平和	应：矜怜我等
启：耶稣圣心为赎罪之牺牲	应：矜怜我等
启：耶稣圣心为望尔者之救援	应：矜怜我等
启：耶稣圣心为临终莱尔者之仰望	应：矜怜我等
启：耶稣圣心为诸圣人之欢忭	应：矜怜我等
启：除免世罪天主羔羊者	应：主赦我等
启：除免世罪天主羔羊者	应：主允我等
启：除免世罪天主羔羊者	应：主怜我等
启：良善心谦之耶稣	应：恳使我等之心仰合尔心

请众同祷。全能无始无终者天主。垂视尔极爱子之圣心。并视其代我罪人。所献于尔之颂赞。所行之补赎。凡罪人乞尔慈悯。恳即息怒赦宥之。为尔子耶稣基利斯督之名。其偕尔偕圣神。惟一天主。乃生乃王于无穷世。阿门。

尽圣尽仁。救世之主耶稣。以从来未有之新恩。常留于圣而公会。大开福乐之途。今我等虔恭求尔。许我时随至爱。报主尽圣尽仁之恩。补我负主恩之罪。偕父及圣神。均生均王。阿门。

附录四 田野考察心得

　　本书的田野工作共四个阶段，在个人总结出的高密度计划前提下，事先了解当地情况，集中针对宗教节日和民俗活动，较大程度避免无效等待的时间支出。2009 年 1 月至 2 月第一次调研滇、藏地区；5 月至 6 月第二次调研滇、藏地区；8 月至 9 月第三次调研川、滇地区，期间回京的时间后续电话采访；12 月第四次调研滇、藏地区。

　　滇藏川交界地区的考察，不同于汉族平原地区。该地区条件较为艰难，加上有限的经费，笔者总结出一套适宜的个人经验。2009 年 5 月，上海音乐学院举办第二届（全国）田野论坛，笔者将自己的心得与在座的师生们进行交流时，曾获得一个意外的回馈——与会的老师认为这套考察方法比较西化。关于西化或中化方法在实地考察中，笔者并未给予考虑，仅关注如何花最少的钱获得最大的考察收获？此为商业投资中如何以最小成本获取最大利益之心态，此法用于田野考察却是拘于经费的无奈之举，不过因此得到一套详细规划的方法，使笔者受益匪浅。由于天主教的统一规范特性，加之滇藏川交界地区的教堂原属一个教区，首先需做对各个堂点的普查工作。

　　前期准备——滇藏川交界处位于高海拔区域，深入前往首先需要良好的身体素质，考察前尽可能增加锻炼以调整身体适应能力。其次，考察点分布众多，村村之间的交通工具是客车和马帮，大部分教堂处于深山之中，只能徒步登山到达，因此详尽路线图必不可少。考察前，路途中的换乘方式、车次时间等都算入规划内，以计算到达每一目的地的时间。下一步是即电话与当地人联络商量，安排每日天的行程和采访对象，提前预约日程规划。最后，通过旅游手册、网路搜集资讯，了解食宿与行程价格，并落实到电话至当地询问详细资讯，做出一个切实的经费预算。如不做此周密规划，考察时间和经费将大多浪费于路途之中。例如，为安全起见避免乘坐夜班长途车，笔者通电话至怒江长途客车站，询问车次、班车型号和价格，并预算出换乘时间和经费所需，随即联系当地教会以安排采访时间和对象，借此节省下来的时间和经费颇为可观。

实地考察——笔者在田野工作中遇到的挑战首当行程问题，虽经过前期周密计划，但深入滇藏川交界地区的众多天主教堂仍是困难重重。从地图上看很多地方之间可以直线到达，实际行程远超乎想像，道路艰险、环山绕路是每一堂点之间最平常景况。如仅到达交通便利的云南贡山县天主教总堂驻地而言，需笔者从北京飞抵昆明，再从昆明乘 10 小时长途客车抵达怒江州府六库，最后从六库乘坐 7 小时的长途中巴环绕仅 5-6 米宽的怒江峡谷公路抵达目的地。沿路多发山体塌方、泥石流、翻车及身体长时间坐车导致的严重晕车和高原反应等状况。2009 年 1 月行程中，笔者从西藏盐井南行至云南德钦时，由于旅途劳顿出现高原反应，头晕气喘、鼻血流窜不止浸湿毛巾。这些对于考察遍布滇藏川交界地区的教堂都是不利因素，而旧时外国传教士莫不是投入几乎毕生心血才能摸清此区域的零星状况。换句话说，对该地区的个案考察若不总结抽样、归类分析，实地调研的大部分时间都将花费于路途中。次之困难为经费问题，交通不便造成藏区高昂的路费和食宿生活费。仅上述两点对此课题的考察时间提出一个质疑，究竟该地区的田野调研该如何安排？

笔者不拘于时间限制，针对该选题设计出实用考察法，考虑因素如下：天主教为世界性宗教，其组织架构堪称全球最大的跨国机构。中国天主教具有一定的特殊性和本土性，但其传统仍旧一脉相承。论及神学思想、组织架构、音乐礼仪等各层面虽在各地略有不同，却具备高度统一特性。云南藏区和西藏的天主教会面临大致相同的地势环境、经济背景、民族构成和人文历史，该区存留老教堂最多，笔者研究后根据其特性分片划区抽样调查。四川藏区的状况略有不同，可以单独做抽样。操作时结合天主教会礼仪节庆的特点，赶在特定时间对仪式和群体集中调查，能获得高质高量的信息资料。其余时间是针对个体的选点式参访。笔者的每次实地调研均实际证明这种方法的可行性和准确性。

后续工作——整理前期准备和中期考察所搜集的内容，是后续工作的重点。如需补充内容，可通过电话方式。笔者考察区域已基本实现"村村通"

工程，少数村落无手机信号和其他电讯方式。对于考察中的遗漏和后期整理中发现的补续，在无法再次前往的情况和获得采访对象的许可下用长途电话进行访谈。例如，德钦县茨中村肖杰一老师是当地文化的精英代表，由于疏忽没有安排较多的实地采访时间，笔者回京后获得许可进行电话采访每天两小时并持续十天，这是后补方法。对于每一采访对象，笔者后期务必调查中的相关照片和录影资料寄到当事人手中，以尊重对方的劳动付出。

田野道德问题——关于田野工作中越来越被强调的道德问题，实际是探讨研究者与研究对象之间人际处境和文化权利的关系。实地中遇到的具体问题并不是对错是非之论，而是人与人之间微妙的道德处理。2009 年 8 月云南怒族地区的采访再次触及这此问题，其引发者并非笔者而是另一个田野工作者——某大学的人类学家。笔者采访对象在与大家闲聊，谈及此人时两三次放下水烟筒，强调重复了三遍"他采访得我头发都竖起来了"。让采访对象如此反应的参访者举动是：由于采访对象是当地较为有名的民间艺人，采访者要求他每天反复歌舞以便记录，且连续一个月不厌其烦事无巨细询问各种问题，以至采访对象寝食难安，农活也没法干，碍于对方是"大学者"的面子，只好硬头皮接受采访。好容易盼走对方，这位学者在后期又常电话请教，每次最少半小时。前两天的一个电话打来时，采访对象正在杀鸡拔毛，一通长话打了几十分钟，晚饭的鸡也吃不成。采访对象的叙述让笔者感受到，这位"专家"为了自己的目的过度干扰对方生活可以说为获取资讯不择手段。这是个人的田野道德问题，由此引发笔者进一步的思考。在考察过程中，我是一个为研究而行动的索取者，面对当地恶劣的生存状态，如劈山开采导致的环境破坏和少数民族的极贫生活及当地学生的高辍学率等，这些是每天所看见而不能逃避的现实。

作为一个一定意义上为个人资料前来该地的文化索取者，是否能为当地人做些什么？第一次考察结束后，笔者和先生筹办资助当地贫困学生读书的民间慈善组织，号召身边朋友能为改变落后地区的现状献份薄力。而笔者个人能做的微薄贡献：由于长期在基督教会唱诗班担任带领，熟知教会音乐的用语方法，每到一处便尽其所能为当地教会进行宗教音乐培训。除此之外每处考察，或多少有一些奉献捐助款项的支出，也算是个人的回报心意。例如2009 年 5 月，笔者途经云南怒江州福贡县正逢雨季，利沙底村某傈僳族教堂遭泥石流冲毁，考察结束后，笔者回京筹集款项助其重建教堂。叙述这些，

并非吹嘘宣扬行为之高尚，只从一个田野工作者的角度出发，考虑到不仅是
向对方索取所需资料完成自认为有意义的学术研究，而是更能在关系和心灵
上做到互助扶持。

参考书目

（按出版年代排序）

1. Chants Religieux Thibétains，Imprimerie oberthur-rennes，1894。

2. CANTUS VARVII，CHA-PIN-PA，1894。

3. [意]利类思，《圣母小日课》（上海土山湾印书馆，第四版重印，1930）。

4. 《大弥撒及圣体降福经歌摘要》（河间府，河北献县天主堂出版，1931）。

5. 刘赞廷纂修，《康定县图志》（北京：民族文化宫图书馆油印本，1961）。

6. 刘赞廷纂修，《九龙县图志》（北京，民族文化宫图书馆油印本，1960）。

7. 刘赞廷纂修，《泸定县图志》（北京，中央民族学院图书馆油印本，1960）。

8. 朱增鋆纂修，《道孚风俗纪略》（北京，中央民族学院图书馆油印本，1960）。

9. 德钦民歌搜集整理小组编，《邦锦花儿开了-德钦藏族弦子、锅庄词曲选》
   （昆明，云南人民出版社，1979）。

10. 段鹏瑞纂修，《盐井乡土志》（北京，中央民族学院图书馆油印本，1979）。

11. 刘志明，《西洋音乐史与风格》（台湾，大陆书店，民国70年）。

12. 中华续行委办会调查特委会编，《中华归主-中国基督教事业统计
    1901-1920》（下）（北京：中国社会科学院世界宗教研究所，1985）。

13. 顾裕禄，《中国天主教的过去和现在》（上海社会科学院出版社，1989）。

14. 中国天主教主教团准，香港思高圣经学会释译本《圣经》（南京，爱德印
    刷有限公，1992。）

15. 伍昆明，《早期传教士进藏活动史》（北京：中国藏学出版社，1992）。

16. 王神荫编著，《赞美诗新编史话》（上海，中国基督教协会，1993）。

17. 涛旭，《中华民俗源流集成（游艺卷）》（甘肃人民出版社，1994）。

18. [美]赖桑，《旧约综览》（加拿大，国际种籽出版社有限公司，1994）。

19. 叶廉清，《圣母德叙祷文简释》（天主教上海教区光启社，1997）。

20. 邓继强，《圣母庆节及其神学》（上海：天主教上海教区光启社，1998）。

21. 巴博编著，《天主教礼仪问答》（河北天主教信德室出版，1999）。

22. [意]托斯卡诺着，伍昆明、区易炳译，《魂牵雪域-西藏最早的天主教传教会》（北京：中国藏学出版社，1999）。

23. 李国文等，《古老的记忆—云南民族古籍》（昆明，云南教育出版社，2000）。

24. 李炽昌等，《基督教会崇拜的重探》（天主教上海教区光启社，内部资料，2000）。

25. 保罗·亨利·朗着，顾连理等译，《西方文明中的音乐》（贵阳：贵州人民出版社，2001）。

26. 怒族调查组编写，《云南民族村寨调查-怒族-贡山丙中洛乡查腊社》（昆明：云南大学出版社，2001）。

27. 独龙族调查组编写，《云南民族村寨调查-独龙族-贡山丙中洛乡小茶腊社》（昆明：云南大学出版社，2001）。

28. 郭素芹着译，《永不磨灭的风景香格里拉-百）前一个法国探险家的回忆》（昆明：云南人民出版社，2001）。

29. 《天主教梵蒂冈第二届大公会议文献》（天主教上海教区光启社，2001）。

30. 苏萍，《谣言与近代教案》（上海远东出版社，2001）。

31. 吴飞，《麦芒上的圣言-一个乡村天主教群体的信仰和生活》（香港，道风书社，2001）。

32. 晏可佳，《中国天主教简史》（北京，宗教文化出版社，2001）。

33. 韦柏著、孙宝玲译，《重寻珍宝-历代教会的崇拜》（香港，浸信会神学院，2002）。

34. 李振邦，《教会音乐》（台北，世界文物出版社，2002）。

35. 何光沪主编，《宗教学小辞典》（上海，辞书出版社，2002）。

36. 赫士德着、谢林芳兰译，《当代圣乐与崇拜》（台北，校园书房出版社，2002）。

37. [英]甘酒迪等编、唐其靖等译，《牛津简明音乐词典》（北京，人民音乐出版社，2002）。

38. 黄建明、燕汉生编译,《保禄·维亚尔文集-百) 前的云南彝族》(昆明:云南教育出版社,2003)。

39. 马可·伊万·邦兹着,周映辰译,《西方文化中的音乐简史》(北京大学出版社,2004 年)。

40. 刘鼎寅、韩军学,《云南天主教史》(昆明:云南大学出版社,2005)。

41. 普鲁华主编,《香格里拉深处》(昆明,云南科技出版社,2005)。

42. 石硕,《藏彝走廊:历史与文化文集》(四川人民出版社,2005)。

43. 《天主教英汉词典》(北京,上智编译馆内部资料,2007)。

44. [奥]雷立柏编,《汉语神学术语辞典-拉丁-英-汉语并列》(北京,宗教文化出版,2007)。

45. 张兴荣,《中国少数民族宗教音乐研究-云南卷》(北京,宗教文化出版社,2007)。

46. 蔡诗亚主编,《额乐集》(1)(香港,公教真理学会,2007)。

47. 刘志明,《额我略歌曲浅谈》(香港,公教真理学会,2007)。

48. 刘志明,《额我略歌曲简史》(香港,公教真理学会,2008)。

49. 曹本冶,《思想-行为:仪式中音声的研究》(上海音乐学院出版社,2008)。

50. 《贡山独龙族怒族自治县概况》编写组、修订本编写组,《云南贡山独龙族怒族自治县概况》(北京:民族出版社,2008)。

51. 何林,《阿怒人-同一屋檐下的不同宗教信仰》(昆明:云南大学出版社,2008)。

52. 秦和平、申晓虎编,《四川基督教资料辑要》(四川出版集团,2008)。

53. 中国天主教爱国会,《圣神光照中国教会-中国天主教爱国会成立五十) 来的辉煌足迹》(北京,宗教文化出版社,2008)。

54. 杨民康,《本土化与现代性-云南少数民族基督教仪式音乐研究》(北京,宗教文化出版社,2008)。

55. [比]钟鸣旦着,张佳译,《礼仪的交织-明末清初中欧文化交流中的丧葬礼》(上海古籍出版社,2009)。

56. 杨曦帆,《藏彝走廊的乐舞文化研究》(北京,民族出版社,2009)。

57. [法]荣振华等,耿升译《16-20 世纪入华天主教传教士列传》(广西师范大学,2010)。

58. EPITOME E GRADUALI S.E. DE TEMPORE ET DE SANCTIS 中国天主教教务委员会,时间不详。

另参考：

1. 各类中国大陆教区内部出版的多种版本中文及拉丁文圣歌集、祈祷手册等。

图谱及版权说明：

1. 本书第七章所转引的谱例，出自 1894 年版的藏文圣歌谱本 Chants Religieux Thibétains 和拉丁文圣歌谱本 CANTUS VARVII，根据国际版权法，属于公有领域的作品，可以自由使用。该资料由盐井天主堂和康定天主堂特别提供影印本，并交付本书使用，文中已注明。

2. 其余所有的谱例及图片，均为本书作者孙晨荟的个人成果，本书的初版由香港中文大学天主教研究中心 2010 年出版。

后　记

　　2009 年全年每隔两个月，笔者和先生二人就到滇藏川地区考察，前后共四下藏区，从第一次强烈的新鲜好奇感，到最后严重的体力挑战，笔者最大的感受是在这种地方做事实属不易。最初酝酿的初稿并非本书题目，而是另一课题其中一篇章。但情况的变化是源于考察中笔者意外得到一本 1894 年法国出版的四线谱藏文圣歌谱本原书，小小的歌本另我激动不已，因为一路上只有幸看过一次却从未奢望得到，这本书其中承载的内容太多。回京后的第一件事情就是破译这本歌谱，这一下就花去三个月的时间，请教了众多专业人士。而破译出的内容也出乎意料，我渐渐意识到这个课题很值得单独去做并深入研究。在先生的启发下，我对一路看到有意思的现象作出总结，决定将藏区的天主教音乐单独做课题，于是促成本书的诞生。

　　实际上这个地区的社会现象所体现的人文价值远远高于音乐内容本身，但由于藏族天主教这个极为特殊的群体完全吸引我，所以此书作为我的第一本学术专著是很有意义的，因为这个地方发生的一切再没有任何一个角落可以复制可以发展。一路走来，遇到无数初次见面就如弟兄姊妹般款待我们的乡民。第一次吃到一个月大的酥油乳猪、仙人果、高山雪莲花和冬虫夏草、第一次和藏民一起歌舞、第一次见到麻风病人、第一次看见无数延绵的雪山雄峰、第一次对着峡谷高歌、第一次看见扑面而来银河耀眼不着边际的漫天星星、第一次被跳蚤咬成"带状疱疹"的惨状、第一次睡在猪圈的上方、第一次看见那么多传教士的墓地、第一次和那么多少数民族相遇……因为有这些热情淳朴的教友信徒，我一路走下来吃得最好睡得最好。

感谢贡山县天主教两会的会长全家，他们的帮助无与伦比，而给予我们最大帮助的会长虎主席已于 2015 年安息归主。感谢康定教堂的神父、修士和修女，他们对我四川考察之行全力帮助。感谢西藏盐井教堂的会长，他对于我所需要的一切无私提供帮助。感谢云南茨中村的肖杰一老师，他的博学和耐心帮助我完成歌谱的破译。感谢所有的藏区天主教教友，他们对于我采访的敞开和热情。感谢李四萍小姐全程采访的录音笔录，感谢张仲卿大姐对我考察的挂念，感谢我的父母，对于我全程考察的支持和安慰，感谢的人太多……特别感谢香港教区的考察资金赞助。感谢香港中文大学天主教研究中心为本书初次出版，感谢台湾花木兰文化出版社为本书二次出版，此版是在初版的基础上做了增订内容。最后特别的感谢我的先生，全程考察时他担任背夫、摄影、照相、沟通、安排、联络兼私人保镖等等，还要时时一笑面对我的挑剔。